Wiltrud Dümmler, Winfried Sennekamp
Recovery im psychiatrischen Wohnheim

Perspektiven Sozialer Arbeit in Theorie und Praxis

Herausgegeben von
Prof. Dr. Süleyman Gögercin und Prof. Dr. Karin E. Sauer,
Duale Hochschule Baden-Württemberg Villingen-Schwenningen

Band 3

Wiltrud Dümmler, Winfried Sennekamp

Recovery im psychiatrischen Wohnheim

Chancen und Grenzen des Konzepts bei Menschen mit einer schizophrenen Erkrankung

Centaurus Verlag & Media UG

Zu den AutorInnen:
Wiltrud Dümmler, Sozialpädagogin (B. A.), Abschluss im Studiengang „Soziale Arbeit mit psychisch Kranken und Suchtkranken" an der Dualen Hochschule Baden-Württemberg, Villingen-Schwenningen. Tätig im Quellpunkt Christiani e. V., Müllheim, einer Einrichtung für psychiatrische Nachsorge.

Prof. Dr. Winfried Sennekamp, Arzt für Psychiatrie, Dipl. Psych., Leiter des Studiengangs „Soziale Arbeit mit psychisch Kranken und Suchtkranken" an der Dualen Hochschule Baden-Württemberg, Villingen-Schwenningen.

Bibliografische Informationen der Deutschen Nationalbibliothek
Die Deutsche Nationalbibliothek verzeichnet diese Publikation in der Deutschen Nationalbibliografie; detaillierte bibliografische Daten sind im Internet über http://dnb.d-nb.de abrufbar.

ISBN 978-3-86226-226-7   ISBN 978-3-86226-922-8 (eBook)
DOI 10.1007/978-3-86226-922-8

ISSN 2195-7347

Gedruckt auf säurefreiem und chlorfrei gebleichtem Papier.

© Centaurus Verlag & Media KG, Freiburg 2013
www.centaurus-verlag.de

Umschlaggestaltung: Jasmin Morgenthaler, Visuelle Kommunikation
Umschlagabbildung: shutterbug_sharon, new life. www.istockphoto.com
Satz: Vorlage der AutorInnen

INHALTSÜBERSICHT

Einleitung

Das englische „Recovery" deckt ein weites Bedeutungsfeld ab: von der Rettung oder Wiederherstellung gelöschter oder beschädigter EDV-Programme oder Dateien über die Rückvergütung eines Schadens im versicherungsrechtlichen Sinne bis zur Ruhe- und Erholungsphase beim Rudern. Zentrale Bestandteile sind Besserung, Genesung, Bergung, Wiederfinden, Erholung, also meist gesundheitsbezogene Aspekte. (http://pda.leo.org)

Der Begriff „Recovery" ist in der psychiatrischen Fachdiskussion vor allem Menschen zu verdanken, die sich aus eigener Betroffenheit mit langfristig verlaufenden psychischen Erkrankungen auseinandergesetzt haben, so etwa die breit angelegte Definition: „Recovery ist ein Prozess, in dessen Verlauf man erfährt, wie man mit anhaltenden Symptomen und Vulnerabilitäten leben kann (und zwar gut)." (ROBERTS, G. / WOLFSON, P., 2004, zit. nach RUDOLF, G., 2010) Anders als bei mehr oder weniger unveränderlichen körperlichen Behinderungen, mit denen sich die Betroffenen und ihr Umfeld zu arrangieren lernen müssen, bezieht „Recovery" seine Dynamik aus der an sich nicht neuen Beobachtung, dass die Einstellung der Betroffenen und aller weiteren Beteiligten zu einer seelischen Krankheit die Krankheit selbst beeinflusst. Insofern ist Recovery „ein Prozess der Selbstfindung, Erneuerung und Transformation" (ROE et al. 2004, zit. nach RUDOLF, G., 2010).

„Recovery zielt nicht auf ein Endprodukt oder ein Resultat. Es bedeutet nicht, dass man 'geheilt☐oder einfach stabil ist. Recovery beinhaltet eine Wandlung des Selbst, bei der einerseits die eigenen Grenzen akzeptiert werden und andererseits eine ganze Welt voller neuer Möglichkeiten entdeckt wird. Dies ist das Paradoxe an Recovery: Beim Akzeptieren dessen, was wir nicht werden tun oder sein können, beginnen wir zu entdecken, wer wir sein können und was wir tun können. Recovery ist eine Art zu leben." (DEEGAN, P., 1996, zit. nach RUDOLF, G., 2010)

Durch ihre Subjektorientierung gewinnt diese Betrachtungsweise ein emanzipatorisches Potential und beschreibt nicht nur den Umgang der Betroffenen mit ihrer Erkrankung neu, sondern auch grundlegende Begriffe wie seelische Gesundheit und psychiatrische Diagnose sowie die daraus abzuleitende Rolle der professionellen HelferInnen und Einrichtungen.

Das Ziel dieser Arbeit besteht darin, das Recovery-Konzept auf psychiatrische Wohnheime anzuwenden, Einrichtungen, die aus der Sicht eines Betroffenen zu

„Hinterhöfen der Sozialpsychiatrie" (VOEPEL, M., 2003; S. 31 f.) verkommen könnten und mit denen man nicht gerade „Selbstfindungsprozesse" und „eine ganze Welt voller neuer Möglichkeiten" assoziiert.

Die Begriffe Psychose, schizophrene Psychose, schizophrene Störung, schizophren erkrankt werden als gleichbedeutend mit der im ersten Kapitel erläuterten Schizophrenie verwendet. Die Menschen mit einer schizophrenen Erkrankung, um die es in dieser Arbeit gcht, werden Betroffene, Psychiatrie-Erfahrene, Psychose-Erfahrene, NutzerInnen, BewohnerInnen oder auch KlientInnen genannt. Der Begriff der Rehabilitation wird auf den Bereich der rechtlichen Bedingungen beschränkt und Recovery als dessen Weiterentwicklung bzw. Ersatz betrachtet. (vgl. CRANACH, M. von, 2007, S. 333-340)

1. Schizophrenie

„Schizophrenie ist eine unverstandene psychische Störung. Schizophrenie ist ein Leiden, das Angst macht. Schizophrenie ist ...entgegen einem weit verbreiteten Vorurteil .. eine ernste, aber gut behandelbare Krankheit. Sie ist zugleich die schillerndste aller psychischen Störungen. Sie kann leicht sein oder schwer. Sie kann akut und dramatisch verlaufen oder schleichend und für Außenstehende kaum wahrnehmbar. Sie kann kurze Zeit dauern oder ein Leben lang. Sie kann in längeren oder kürzeren Abständen wiederkehren. Sie kann ausheilen oder zur Invalidität führen. Sie trifft Jugendliche im Prozess des Erwachsenwerdens und in der beruflichen Entwicklung. Sie trifft Männer und Frauen, die mitten im Leben stehen oder an der Schwelle zum Alter." (FINZEN, A., 2000, S. 11)

1.1 Einige geschichtliche Aspekte

Ende des 19.Jahrhunderts wurde eine Gruppe von psychischen Störungen unter der Bezeichnung „dementia praecox" von Emil Kraepelin zusammengefasst. Aus dieser Zeit stammt die Annahme, es handle sich um ein Krankheitsbild, das den Verlust des Verstandes und der Intelligenz beinhaltet, mit einer insgesamt ungünstigen Prognose. Dies widerlegte Eugen Bleuler 1911. Er führte den Begriff der „Schizophrenie" (schizo = ich spalte, phren = Geist) bzw. „die Gruppe der Schizophrenien" ein und erweiterte den Blickwinkel auf psychoanalytische und psychotherapeutische Überlegungen im Zusammenhang mit der Entstehung von Schizophrenie. Bleuler ging davon aus, dass Menschen mit Schizophrenie unter einer Störung in den Bereichen des Denkens, Fühlens oder Wollens leiden, Bereiche, die normalerweise miteinander harmonieren. Obwohl Bleuler nicht von einer gespaltenen Persönlichkeit sprach, wie es die Wortzusammensetzung vermuten lässt, legte er mit der Begriffswahl dennoch den Grundstock für das nach wie vor gängige Vorurteil der gespaltenen Persönlichkeit. (Vgl. FINZEN, A., 1993, S. 26 f.) Seine wichtigste Erkenntnis damals war, dass der Verlauf der Erkrankung keineswegs von vornherein feststeht und deshalb höchst unterschiedlich aussehen kann. Diese Ansicht wird bis heute geteilt. (Vgl. AMERING, M. / SCHMOLKE, M., 2010, S. 20 f.)

1.2 Verlauf

Die Diagnose „Schizophrenie" wird zumeist in einem Alter zwischen 18 und 35 Jahren gestellt. Wie schon zuvor erwähnt, kann diese Erkrankung sehr individuell verlaufen. Es kann eine Episode im Leben geben, es kann mehrere Episoden über Jahre hinweg geben und Schizophrenie kann auch chronisch verlaufen. Häfner geht auf der Basis verschiedener Studien davon aus, dass die Erkrankung bei 22%-29% der Betroffenen günstig und bei 27%-35% ungünstig verläuft. (Vgl. HÄFNER, H., 2000, S. 153 f.)

Bock fasst zusammen, dass ein Drittel der Menschen, die psychotisch werden, diese Erfahrung einmalig machen und danach ausreichend Resilienz[1] entwickeln. Das zweite Drittel reagiert in schwierigen Lebenslagen möglicherweise wieder psychotisch, erlebt also mehrere psychotische Phasen. Beim letzten Drittel bleiben Symptome bestehen, die gegebenenfalls Unterstützung notwendig machen. (Vgl. BOCK, T., 2010, S. 45 f.) Für Bock gilt es jedoch vor allem festzustellen: „Eine abschließende individuelle Prognose ist zu keinem Zeitpunkt möglich. Die Möglichkeit einer plötzlichen Genesung ist nie auszuschließen." (ebd., S. 46)

Wissenschaftliche Studien beweisen, dass Menschen mit einer psychotischen Störung zum Teil auch schon in der Vergangenheit immer wieder genesen sind, auch nachdem die Störung über einen längeren Zeitraum angehalten hat. Studien belegen auch, dass eine frühe, auf die KlientInnen zugeschnittene Hilfe im gewohnten Umfeld eine schnellere Gesundung möglich macht. (ebd., S. 147 f.) Auch Knuf betont die wissenschaftliche Unhaltbarkeit der Annahme, dass schwere psychische Störungen unheilbar seien. (Vgl. KNUF, A., 2006, S. 125)

Heute erkrankt etwa 1% der Bevölkerung im Laufe des Lebens an Schizophrenie. Das ist ungefähr so häufig wie an Diabetes. (Vgl. FINZEN, A., 2000, S. 11) Trotzdem scheint Schizophrenie eine nach wie vor unverstandene psychische Störung zu sein. In der Bevölkerung kreisen viele Vorurteile. „Schizophrenie bezeichnet jene Gruppe von psychiatrischen Erkrankungen, deren Symptome dem klassischen Konzept von 'Verrücktheit☐am nächsten kommen. Es kommt bei Psychosen aus dem schizophrenen Formenkreis bisweilen zu Veränderungen grundlegender seelischer Funktionen, Veränderung des Denkens, der Wahrnehmung, der Gefühle. Die Ursachen der Störung sind unbekannt. Der Ruf der Schizophrenie ist miserabel. Vorurteile reichen vom Verdacht der Gefährlichkeit der Betroffenen über Charak-

---

[1] Resilienz = Widerstandskraft, vgl. dazu 3.5.2

ter- und Intelligenzdefekt bis zur Unheilbarkeit." (AMERING, M. / SCHMOLKE, M., 2010, S. 20)

1.3 Häufige Symptome

Eine zentrale Rolle bei einer schizophrenen Störung spielt das Gefühl der Gedankeneingebung, der Gedankenübertragung und des Gedankenentzugs. Häufig hören Betroffene Stimmen, die zu ihnen sprechen, die Befehle erteilen oder Verhaltensweisen dokumentieren. Außerdem werden oft Vorgänge, die im Umfeld geschehen, von den Betroffenen übertrieben stark auf sich bezogen, viele Betroffene fühlen sich verfolgt, leiden unter Ängsten, die zu einem extremem sozialen Rückzug führen. Um sich die „andere" Realität zu erklären und somit mehr Sicherheit durch ein eigenes System zu erlangen, wird manchmal ein Wahn entwickelt. (Vgl. FINZEN, A., 1993, S. 31 ff.)

Wilma Boevink, selbst Psychiatrie-Erfahrene, beschreibt es in ihrem Beitrag anlässlich der 9. Tagung zur subjektiven Seite der Schizophrenie wie folgt: „Eine Psychose ist einschneidend und überwältigend. Sie geht mit einer schweren Beeinträchtigung der Bedeutungen einher. Die Welt ist nicht mehr zu erkennen und wird zu einer Quelle großer Bedrohung. Eine psychotische Störung macht dein Leben zu einem Leidensweg. Das Sich-selbst-Sein geht nicht mehr von selbst. Nichts ist mehr selbstverständlich. Außerdem wird eine Psychose von Entfremdung begleitet. Wer du bist, ist oft mit dem verwoben, was du hast. Äußerungsformen der Störung beherrschen zuweilen deine gesamte Persönlichkeit. Der Unterschied zwischen Person und Erkrankung kann sich dann schnell verflüchtigen, wobei das Wiederfinden dieser Trennlinie unsäglich schwer ist. Ich war lange Zeit eins mit meiner Störung: Ich war meine Störung." (BOEVINK, W., 2008, S. 30 f.)

Menschen, die an Schizophrenie erkrankt sind, leiden keineswegs an Beeinträchtigungen, die sich durch alle Bereiche des Seins hindurch ziehen. Sowohl die Intelligenz, die Orientierungsfähigkeit, das Bewusstsein und die Wahrnehmung der Außenwelt als auch die Fähigkeit zu lernen und sich zu erinnern, sind nicht primär beeinträchtigt. Krankheitssymptome der Schizophrenie können diese Fähigkeiten zeitweise reduzieren, führen jedoch nicht zu einer permanenten Beeinträchtigung. (Vgl. FINZEN, A., 1993, S. 67)

1.4 Entstehung aus pathogenetischer und anthropologischer Sicht

Auf der Suche nach der Entstehung von schizophrenen Erkrankungen gibt es zwei
sehr gegensätzliche Konzepte, die in der psychiatrischen Praxis jedoch kaum in
ihrer Reinform angetroffen werden. Aus pathogenetischer Sicht stehen umgrenzte
Ursachen im Vordergrund, meist biologischer Art. Veränderungen in der Wahrnehmung und eine besondere Reizempfindlichkeit werden in diesem Zusammenhang mit Stoffwechsel- und Hirnfunktionsstörungen begründet. Eine medikamen-
töse Behandlung hat zum Ziel, zu stabilisieren und die Betroffenen wieder erreich-
bar / gesünder zu machen. Aber auch psychologische oder soziologische Modelle
der Pathogenese (vor allem auf der Ebene der Primärfamilie) wurden formuliert.
Dabei sollen die jeweiligen Ursachen bekämpft und die Krankheit im Idealfall kau-
sal geheilt oder zumindest abgemildert werden, um in einem möglichst hohen Maße wieder den Zustand vor Krankheitsbeginn zu erreichen. Krankheitseinsicht bedeutet in diesem Kontext jeweils die Anerkennung des psychiatrischen Wissens
durch die KlientInnen. Die Beziehung, in der PsychiaterInnen für die Diagnose und
die weitere Behandlung verantwortlich sind, ist demnach eine im Prinzip hierarchische. Überspitzt formuliert, sollen sich KlientInnen dem Heilungsversprechen der
Medizin unterordnen und tragen selbst wenig Verantwortung für ihre Heilung. Basis des pathogenetischen Krankheitsverständnisses ist die Annahme, dass Gesundheit durch Krankheit entkräftet wird. Beide, KlientIn und PsychiaterIn „(□) halten
an einem Ideal von Gesundheit fest, eine Gesundheit, die es so absolut gar nicht
gibt" (BOCK, T., 2002, S. 33), was schließlich zu Überforderung der PsychiaterIn
und Enttäuschung / Resignation der KlientIn führen kann. (vgl. ebd., S. 32 f)

Im Unterschied dazu wird aus einem anthropologischen Krankheitsverständnis
heraus der Mensch ganzheitlicher betrachtet. „Die Psychose ist vor dem Hintergrund eines allgemein-menschlichen Potentials und einer spezifischen Dünnhäutig-
keit als Ausdruck eines inneren Konflikts und als eine besonders starke Reaktion
auf biografische Krisen (Lösung, Bindung, Selbstverwirklichung, Trennung etc.)
zu verstehen, die im Leben eines jeden Menschen unvermeidlich sind und deren
angemessene Bearbeitung auch Chancen beinhaltet." (ebd., S. 32) Eine Psychose
bedeutet für die Betroffenen den Versuch, trotz einer Identitätsstörung die eigene
Identität zu retten. Es reicht also nicht, nur gegen Symptome zu kämpfen, sondern
es geht vielmehr um die Unterstützung zum Erhalt der Identität. (vgl. ebd.) „Soma-
tische Aspekte der Psychose werden nicht geleugnet, aber (□) als Ausdruck der
seelischen Krise und nicht als deren Ursache verstanden." (ebd.)

Wenn also davon ausgegangen wird, dass ein Zusammenhang besteht zwischen
einem innerseelischen Konflikt und einer Psychose, so kann ein bestimmtes Maß

an Verantwortlichkeit und somit auch Einfluss auf das eigene Handeln vorausgesetzt und damit unterstützt werden. Krankheitseinsicht heißt hier, die eigene Biografie zu verstehen und Grenzen zu akzeptieren. Bock hat weitere schlüssige Argumente für ein anthropologisches Krankheitsverständnis von schizophrenen Psychosen zusammengestellt.

Im Umgang mit einer Psychose als Bedrohung der eigenen Identität und als „(□) Ausdruck einer zutiefst menschlichen Ambivalenz" (ebd., S. 34) ist von professioneller Seite Voraussetzung, die individuelle Geschichte und Subjektivität des Erlebens der Betroffenen anzuerkennen. Schizophrene Psychosen stellen nicht nur eine Störung dar, die sich in erlebter Fremdbestimmtheit zeigt, sondern sind auch Versuch, sich anzupassen, sich selbst und die eigene Identität zu heilen. Krankheitseinsicht muss in diesem Kontext „(□) als wechselseitiger dialogischer oder unter Einbeziehung der nächsten Bezugspersonen 'trialogischer□Prozess verstanden werden." (ebd., S. 35) Ein weiterer Aspekt sind die Selbsthilfepotentiale, die die Balance wiederherstellen wollen und Strategien zur Selbstdeutung beinhalten. Hilfe von außen kann vor allem dann unterstützen, wenn die Selbsthilfepotentiale identifiziert und gefördert werden. (ebd., S. 34 ff.)

1.5 Soziale Auswirkungen

„Symptome psychischer Krankheit sind Verhaltensformen oder Ausdrucksformen des Erlebens, die vom Üblichen abweichen. Sie verändern die Beziehungen zu anderen Menschen in einer Weise, die sie selbst nicht oder nur begrenzt kontrollieren können. Anderen erscheinen sie dann als antriebsgesteigert oder antriebsarm, als schweigsam, als verworren, wie in gehobener oder gedrückter Stimmung, als kontaktarm oder als aufdringlich." (FINZEN, A., 1993, S. 86 f.) Nicht jedes von der Norm abweichende Verhalten muss auf eine Erkrankung hindeuten. Vielmehr spielt die gesellschaftliche Reaktion auf das abweichende Verhalten eine Rolle. (Vgl. ebd., S. 87) Sowohl die Umgebung als auch die Betroffenen selbst stehen der veränderten Wahrnehmung und dem veränderten Verhalten in manchen Fällen hilflos gegenüber. Ein normaler Umgang miteinander, das Erfüllen von sozialen Rollen und das Erfüllen von Erwartungen im Allgemeinen werden zu Hindernissen in sozialen Beziehungen. (Vgl. ebd., S. 33)

2. Stigmatisierung

Die Stigmatisierung und die damit einhergehende Diskriminierung von Menschen, die an einer schizophrenen Störung erkrankt sind, spielt eine ausschlaggebende Rolle für den Verlauf der Erkrankung. Finzen nennt deshalb das Stigma, das der Schizophrenie anhaftet, „die zweite Krankheit" (FINZEN, A., 2000, S. 24). Neben den Beeinträchtigungen durch die Erkrankung selbst scheint das Stigma das größte Problem bei der Überwindung von und beim Leben mit Schizophrenie zu sein. Auf der Basis verschiedener Studien fasst Angermeyer zusammen, dass mit dem Stigma die Beziehungen zu anderen Menschen schlechter werden, dass sich die finanziellen Mittel verringern und die berufliche Situation sich verschlechtert, dass die Lebensqualität abnimmt, Depressionen und Minderwertigkeitsgefühle zunehmen und das Einverständnis mit der psychiatrischen Behandlung abnimmt. (Vgl. ANGERMEYER, M.C., 2003, S. 365) Woran liegt das?

Stigmatisiert und diskriminiert wird in verschiedenen Bereichen auf verschiedene Weisen. Zum einen wird aufgrund der Symptome, bspw. Stimmenhören, diskriminiert. Viele Menschen verbinden mit dem Stimmenhören Gefahr und halten sich daher fern von StimmenhörerInnen. Familienangehörige bzw. das Umfeld reagieren mit Unverständnis auf den mangelnden Antrieb und das damit verbundene Unvermögen, Aufgaben zu erfüllen. Schon die Diagnose „Schizophrenie" stellt ein Stigma dar. Wer als von Schizophrenie betroffene Person in Kontakt mit der Psychiatrie kommt, die ihrerseits einen schlechten Ruf in der Gesellschaft hat, riskiert damit Stigmatisierung. Aus diesem Grund wird häufig zur Vermeidung des erwarteten Stigmas frühe Hilfe und Behandlung nicht in Anspruch genommen. Stigmatisierende Einstellungen in der Bevölkerung reichen von Schuldzuweisungen, d. h. Betroffene werden als selbst verantwortlich für ihre Störung betrachtet, bis hin zu Familienverhältnissen, die als Grund für die Erkrankung gesehen werden. Außerdem trägt die Annahme der Unheilbarkeit, die auch in der Psychiatrie selbst teilweise vertreten wird, zum chronischen Verlauf und der ungünstigen Prognose bei. Hinzu kommt die Angst der Allgemeinbevölkerung vor der vermeintlichen Unberechenbarkeit psychisch erkrankter Menschen. In wissenschaftlichen Untersuchungen werden Gründe für stigmatisierende Einstellungen in mangelhaften Kenntnissen des Umfelds über die Erkrankung gesehen, in einem negativen Einfluss durch das Bild, das die Medien von psychischen Erkrankungen vermitteln, und in Abwehrprozessen, die eine eigene psychische Erkrankung ausschließen sollen. (Vgl. AMERING, M. / SCHMOLKE, M., 2010, S. 62 f.)

2.1 Stigmatisierungserfahrungen

Konkret nennen Betroffene selbst vier Dimensionen, in denen sie Stigmatisierung / Diskriminierung erleben, nämlich interpersonale Beziehungen, das öffentliche Image von psychischen Erkrankungen, strukturelle Diskriminierung und der Zugang zu sozialen Rollen. (Vgl. GRAUSHUBER, A., 2005, S. 27) Im Alltag bedeutet Stigmatisierung „die Zurückweisung durch Nachbarn und Arbeitskollegen, die Reduzierung der Kontakte von Freunden, die Absagen bei Anfragen nach einem neuen Job, die Ablehnung bei der Wohnungssuche, die Sorgen um den zukünftigen Lebensalltag, Ängste und Befürchtungen über die zukünftige Entwicklung der Krankheit, die Erfahrung, dass man von den betreuenden Ärzten bzw. vom anderen Personal nicht ganz ernst genommen wird, das Tuscheln hinter vorgehaltener Hand, Berichte in den Massenmedien über die Gefährlichkeit von psychisch Kranken, die Verweigerung von Leistungen, die anderen Menschen selbstverständlich zugesprochen werden (□)." (ebd., S. 19)

Von Wahl wurde 1999 festgestellt, dass ein Drittel der Betroffenen bei der Bewerbung um einen Arbeitsplatz oder um eine Wohnung aufgrund ihrer Erkrankung diskriminiert wurden. Aus Angst vor Diskriminierung werden viele Bemühungen um einen Arbeitsplatz, um eine Wohnung und um eine Partnerschaft von vornherein gar nicht mehr unternommen. (Vgl. AMERING, M. / SCHMOLKE, M., 2010, S. 70 f.) Holzinger et al. haben 2003 festgestellt, dass fast alle Menschen mit der Diagnose Schizophrenie von negativen Reaktionen in ihrem Umfeld ausgehen. (vgl. ebd.) Die Allgemeinbevölkerung geht zum Teil sogar davon aus, im Falle einer schizophrenen Erkrankung in höherem Maße diskriminiert zu werden, als die betroffenen Menschen selbst dies erwarten. (vgl. ebd., S. 71)

2.2 Verschiedene Ebenen der Stigmatisierung

Stigmatisierung und Diskriminierung von Menschen mit einer schizophrenen Erkrankung finden auf unterschiedlichen Ebenen statt. Genannt werden die Ebenen der öffentlichen und strukturellen Stigmatisierung und die Ebene der Selbststigmatisierung.

2.2.1 Öffentliche und strukturelle Ebene

In der Gesellschaft vorherrschende Stereotypen beinhalten negative Meinungen über eine Gruppe, bspw. wird Menschen mit einer psychischen Erkrankung Kompetenz und Charakterstärke abgesprochen und Gefährlichkeit unterstellt. Wird diesen Stereotypen zugestimmt, entstehen Vorurteile, die abwehrende Reaktionen auf psychisch erkrankte Menschen bewirken. Diskriminierung ist schlussendlich die Folge von Vorurteilen. Menschen mit einer psychischen Erkrankung werden benachteiligt u. a. bei der Suche nach einer Wohnung oder bei der Bewerbung um einen Arbeitsplatz und erhalten nicht die benötigte Hilfestellung. Hierbei geht es um öffentliche Stigmatisierung. (Vgl. http://www.berger-psychische-erkrankungen-klinik-und-therapie.de/ergaenzung_ruesch.pdf) Strukturelle Diskriminierung meint in diesem Zusammenhang die Benachteiligung von Menschen mit psychischen Erkrankungen in Bezug auf gesellschaftliche Regeln und Abläufe, die Benachteiligung im Bereich des Gesundheitswesens und im Bereich der Sozialpolitik. (Vgl. RÜSCH, N., 2010, S. 287) Auf dieses Thema wird später eingegangen.

2.2.2 Selbststigmatisierung

Ein verinnerlichtes Stigma stellt eine große Herausforderung bei der Überwindung von Stigmatisierung dar. Die Betroffenen haben eine schlechte Meinung über sich selbst, glauben wirklich an mangelnder Kompetenz und Charakterstärke zu leiden. Resultate daraus sind Selbst-Vorurteile, die mit Selbst-Stereotypen übereinstimmen und zu einem mangelnden Selbstwertgefühl und einem geringen Vertrauen in die Selbstwirksamkeit führen. Als Konsequenz aus verinnerlichten Vorurteilen wird gar nicht erst nach einer Arbeitsstelle oder einer Wohnung gesucht. (Vgl. http://www. berger-psychische-erkrankungen-klinik-und-therapie.de/ergaenzung_ruesch.pdf) Zu den objektiven Diskriminierungen, die im vorangegangenen Abschnitt beschrieben wurden, kommen also die subjektiven Erwartungen von Abwertung und gesellschaftlichem Ausschluss hinzu. Die Probleme, einen Arbeitsplatz, eine Wohnung zu bekommen oder eine Partnerschaft einzugehen, werden noch verstärkt durch das Minderwertigkeitsgefühl der Betroffenen. Schamgefühle, der Rückzug aus sozialen Kontakten, Verheimlichung und Selbstabwertung führen zu einer beschädigten Identität und behindern die Gesundung. (Vgl. AMERING, M. / SCHMOLKE, M., 2010, S. 72 f.)

Betroffene müssen sich jedoch nicht zwangsläufig selbst stigmatisieren. Selbststigmatisierung hängt vielmehr davon ab, ob er / sie sich dem Kreis der Menschen mit einer psychischen Erkrankung zugehörig fühlt. Entweder empfinden die Betroffenen die Stigmatisierung durch andere als berechtigt und verlieren dadurch an Selbstwertgefühl oder sie sind sich im Klaren darüber, dass die Stigmatisierung keine Berechtigung hat, und wehren sich gegen die ihnen entgegen gebrachten Vorurteile. Genau dieses Aufbegehren ist u. a. notwendig, um Stigmatisierung in allen Bereichen entgegen wirken zu können. (Vgl. ebd., S. 74)

2.3 Überwindungsversuche

Um die Stigmatisierung von Menschen mit einer psychischen Erkrankung zu überwinden, sind im Laufe der Jahre unterschiedliche Strategien entstanden, die auf allen drei Ebenen der Stigmatisierung angewandt werden. Sobald die Diagnose einer psychischen Erkrankung gestellt wird, sollten sowohl die Betroffenen als auch deren soziales Umfeld mit der Gefahr einer potentiellen Stigmatisierung auf allen Ebenen konfrontiert werden. Risiken müssen offen angesprochen und dürfen nicht tabuisiert werden, um möglichen Folgen entgegen wirken zu können. Dazu gehört auch, über die Krankheit, deren Verlauf und Prognose realistisch aufgeklärt zu werden und Vorurteile nicht unreflektiert zu übernehmen. (Vgl. ebd., S. 76)

Bei der Überwindung von Selbststigmatisierung spielt vor allem der Empowerment-Ansatz eine Rolle, der als Gegenstück zur Selbststigmatisierung darauf abzielt, Menschen, die stigmatisiert und diskriminiert werden, zu einer aktiven Partizipation in der Gesellschaft zu befähigen und den Umgang mit Belastungen als Bereicherung und Entwicklungsmöglichkeit zu betrachten. (Vgl. ebd., S. 83 f.) Auf Empowerment wird im Kapitel Recovery noch näher eingegangen.

Ein gutes Beispiel zum Abbau von Selbststigmatisierung ist die Stimmenhörerbewegung. Sie ist ein internationales Netzwerk zum Austausch von Betroffenen über Erfahrungen mit dem Stimmenhören als eines der häufigen Symptome von Schizophrenie. Ziel dieser Bewegung ist aufzuklären, zu unterrichten, zu forschen, aber vor allem auch im Miteinander Hilfen für den Umgang mit dem Stimmenhören zu geben und damit Ängste, Isolation und Tabu des Stimmenhörens zu überwinden. (Vgl. ebd., S. 76 ff.)

Auf gesellschaftlicher Ebene im Kampf gegen Stigmatisierung hat sich gezeigt, dass vor allem Aufklärungsarbeit, die in Zusammenarbeit mit Psychiatrie-Erfahrenen geleistet wird, besonders wirksam ist. Zum einen werden dabei das Selbstwertgefühl und das Gefühl der Selbstwirksamkeit bei den Betroffenen gestärkt und zum anderen sind bei der Überwindung von öffentlicher Diskriminierung / Stigmatisierung die Erfahrungsberichte von Betroffenen deutlich überzeu-

gender und Vorurteilen kann effektiver entgegen gewirkt werden. (Vgl. http://www.
berger-psychische-erkrankungen-klinik-und-therapie.de/ergaenzung_ruesch.pdf)

Konkrete Anti-Stigma-Arbeit

Im Zusammenhang mit der Bekämpfung von öffentlicher Diskriminierung / Stigmatisierung sind im Laufe der vergangenen Jahre weltweit viele Interessengruppen
und Initiativen entstanden. In den USA entstand schon 1979 eine Initiative, die
„National Alliance of the Mentally Ill" (www.nami.org), die, zusammengesetzt aus
Betroffenen und Familienangehörigen, Aufklärungsarbeit in der Öffentlichkeit be-
treibt und sich für mehr Rechte von Betroffenen bei der Suche nach einem Wohnraum oder Arbeitsplatz einsetzt. 1996 wurde über die World Psychiatric Association (www.wpanet.org) ein internationales Programm gestartet (www.openthedoors.
com), das speziell die Bekämpfung von Stigmatisierung von Menschen, die an
Schizophrenie erkrankt sind, im Blick hat. Aktionen sollen hierbei gefördert werden, die über Schizophrenie aufklären und damit Vorurteile abbauen. (ebd.) 1999
wurde der Verein "Irre menschlich Hamburg" gegründet, um „krisenerfahrene
Menschen, Angehörige und professionell Tätige aus dem psychiatrischen Umfeld
zusammenzuführen, um gemeinsam Vorurteilen entgegenzuwirken und ein mensch-
liches Bild psychischer Erkrankungen zu fördern." (http://www.irremenschlich.de)
Im Jahr 2000 wurde in Leipzig eine Anti-Stigma-Initiative ins Leben gerufen,
„Irrsinnig Menschlich e. V." (Vgl. http://www.irrsinnig-menschlich.de/html/news.
html), die ebenfalls Aufklärungsarbeit in Bezug auf psychische Erkrankungen leisten will und das Projekt „Verrückt? Na und!" lanciert hat, das an Schulen über psychische Erkrankungen aufklärt. (Vgl. http://www.berger-psychische-erkrankungen-
klinik-und-therapie.de/ergaenzung_ruesch.pdf)

3. Das Recovery-Konzept

3.1 Entwicklungslinien

Das Recovery-Konzept ist im Zuge der Entwicklungen in der Sozialen Psychiatrie entstanden, die im Anschluss an die Psychiatrie-Enquête von 1975 ihren Anfang nahmen. Damals wurden Forderungen nach Reformen laut, nachdem Menschen mit einer psychischen Erkrankung jahrzehntelang unter unwürdigen Bedingungen in psychiatrischen Anstalten weggesperrt worden waren. Mit der Entstehung der Sozialen Psychiatrie gewannen die Achtung der Menschenrechte und die Orientierung an den Bedürfnissen betroffener Menschen an Bedeutung. Traditionelle Hierarchien zwischen Betroffenen und Professionellen wurden in Frage gestellt, Teamarbeit zwischen allen Beteiligten und die Begegnung auf Augenhöhe wurden gefordert.

Auch in Bezug auf die Rehabilitation von Menschen, die an Schizophrenie erkrankt sind, gab es durch die Ergebnisse der Psychiatrie-Enquête neue Erkenntnisse. Hatte man zuvor von Betroffenen eine Anpassung an die vorhandenen Bedingungen gefordert, wurden nun auch Veränderungen in der Gesellschaft gefordert, die Betroffenen ein Leben in der Gemeinde ermöglichen sollten. Über eine stufenweise Rehabilitation sollte eine Wiedereingliederung stattfinden, wobei hier nicht Erfolgswahrscheinlichkeiten ausschlaggebend sein sollten. Außerdem wurde die Rehabilitation als ein sehr individueller Prozess verstanden, der nicht zeitlich beschränkt werden sollte. (Vgl. CRANACH, M, 2007, S. 334 f.)

Einen entscheidenden Schritt stellte im weiteren Verlauf 1992 die Gründung des „Bundesverbands Psychiatrie-Erfahrener" dar. Das Psychiatriegeschehen veränderte sich grundlegend, indem Psychiatrie-Erfahrene ihre Rechte einforderten, Selbsthilfegruppen gründeten und Tagungen veranstalteten. Die Entstehung von Psychose-Seminaren in Hamburg, die in der Zwischenzeit in verschiedenen Städten etabliert sind und aus denen der Trialog entstand, stellte einen Meilenstein in der Demokratisierung der Psychiatrie dar. Trialog meint die Begegnung von Psychiatrie-Erfahrenen, psychiatrischen MitarbeiterInnen und Angehörigen, um in gemeinsamen Gesprächen ein größeres Verständnis füreinander zu entwickeln. (Vgl. CLAUSEN, J. / EICHENBRENNER, I., 2010, S. 20 ff.)

Im Zuge dessen ist auch der Recovery-Gedanke entstanden. Recovery heißt übersetzt nach Collins Dictionary: Wiederfinden, Wiedergewinnen, Wiedererlangung,

Zurückgewinnung, Erholung, Genesung und Bergung, (Vgl. http://dictionary. reverso.net/english-german/recovery) um nur einige Begriffe zu nennen, die in unserem Zusammenhang relevant sind. In der Fachdiskussion hat sich bisher noch kein deutscher Begriff herausgebildet, der dieses komplexe Bedeutungsfeld abbilden könnte, da es sich bei Recovery nicht um die Heilung einer Krankheit im medizinischen Sinn handelt. Der Recovery-Gedanke, der auf dem Prinzip Hoffnung / Zuversicht beruht, nimmt die Selbstheilungskräfte der betroffenen Menschen in deutlich größerem Maße in den Fokus, als das zuvor bei einem eher krankheitszentrierten Verständnis der Fall war. Er basiert auf einer anthropologischen Sichtweise auf Schizophrenie, die wir zuvor im Kapitel über Schizophrenie kennengelernt haben.

Erstmalig tauchte der Recovery-Gedanke in den späten 1980ern in den USA auf und ging in den 1990ern in die Literatur zur Rehabilitation ein. Nach den USA folgten Neuseeland und im Anschluss andere Staaten der westlichen Welt. Gleichzeitig gab es Entwicklungen in dieselbe Richtung in den europäischen Ländern Italien, Großbritannien und in den Niederlanden, wobei hier die Bezeichnung Recovery vorerst nicht verwendet wurde. (Vgl. http://de.wikipedia.org/wiki/Recovery-Modell#Geschichte) Länder wie Australien, Neuseeland, Großbritannien, Kanada und die USA haben sich als Ursprungsländer der Recovery-Bewegung erstmalig zu einer Recovery-Orientierung in ihrem Gesundheitswesen bekannt. Die USA haben im Kontext der „New Freedom Commission on Mental Health" 2002 folgende Erklärung verfasst: „Wir sehen eine Zukunft mit Recovery für jede/n mit einer psychischen Erkrankung, eine Zukunft, in der psychiatrische Erkrankungen verhindert oder geheilt werden können, in der psychische Störungen früh erkannt werden, eine Zukunft, in der jede Person mit einer psychiatrischen Erkrankung in jeder Phase des Lebens vollen Zugang zu effektiven Behandlungen und Unterstützungen hat … alle wesentlichen Elemente, um zu leben, zu arbeiten und voll am Leben in der Gemeinde teilzunehmen." (zit. nach der Übersetzung von AMERING, M. / SCHMOLKE, M., 2010, S. 98)

In Großbritannien ist der Recovery-Ansatz insoweit im Gesundheitssystem verankert, dass kaum ein Gremium mehr ohne Betroffene und Angehörige zusammen kommt. Auch der 2005 in Helsinki verabschiedete „Aktionsplan für psychische Gesundheit" der EU (Vgl. http://www.euro.who.int/__data/assets/pdf_file/0009/96453/E87301G.pdf) betont die Notwendigkeit der Einbeziehung von Betroffenen und deren Angehörigen.

Das schottische Recovery-Netzwerk, das 2004 ins Leben gerufen wurde, stellt eine regionale Initiative dar, die auf Recovery abzielt. Das World Wide Web bietet für InteressentInnen in diesem Zusammenhang Raum zur Diskussion, zum Austausch über Recovery und zum Veröffentlichen von individuellen Recovery-Geschichten. (Vgl. AMERING, M. / SCHMOLKE, M., 2010, S. 99 f.) In Deutschland stehen diese Entwicklungen noch ganz am Anfang.

3.2 Definitionen

Simon Bradstreet, Leiter des Schottischen Recovery Netzwerks, und Alex Lambert schreiben im Guardian (2010): „Recovery happens when people feel empowered, when they are encouraged to take back control of their life and take risks, when they enjoy supportive relationships with people who help them to find meaning and purpose in their lives, and when they are encouraged to participate in decision-making about their treatment and services. And above all, people need to believe that recovery is possible.□(http://www.guardian.co.uk/commentisfree/2010/jun/10/broaden-discussion-mental-health-issues)

In seiner Definition von Recovery unterscheidet Bradstreet verschiedene für Recovery wesentliche Elemente. Zentrales Element ist die Zuversicht / Hoffnung und damit der Glaube daran, dass eine Veränderung im Leben zum Positiven möglich ist. Dem Leben einen Sinn zu geben und Bedeutung zu verleihen, sind ebenfalls wesentliche Elemente von Recovery, die der Mensch in der Spiritualität sowie im zwischenmenschlichen und gemeinschaftlichen Bereich finden kann. Krankheitsepisoden sollten als Möglichkeit zur Entwicklung betrachtet werden statt als Weg zur Chronifizierung. Recovery kann als ein Zurückgewinnen von Kontrolle über das eigene Leben betrachtet werden. Das soziale Umfeld kann Betroffene dabei unterstützen, selbst wieder Verantwortung zu übernehmen und sich aktiv am gesellschaftlichen Leben beteiligen. Der Recovery-Ansatz ist ein ganzheitlicher Ansatz und bezieht sich auf alle Faktoren, sowohl interne als auch externe, die zu Gesundheit und Lebensqualität beitragen. Es gibt keine lineare Entwicklung hin zu Recovery. Das Tempo ist höchst individuell und erfordert einen kreativen Umgang mit möglichen Risikofaktoren. (Vgl. AMERING, M. / SCHMOLKE, M., 2010, S. 100 f.)

Davidson et al. bieten 2005 weitere Definitionen von Recovery an. An erster Stelle steht Recovery als Rückkehr zum Normalzustand. Gemeint ist hier die Wiederherstellung von Normalität, jedoch nicht der Zustand, der vor der Störung zutraf, sondern jener, der Veränderungen einschließt, die mit dem Überstehen der Störung einhergehen. (Vgl. ebd., S. 94) „Diese Veränderungen behindern nicht einen Normalzustand, können sich aber sowohl als verstärkte Widerstandskraft, als

Quelle von Resilienz, in der Zukunft äußern, können aber auch als sinnvolle War-
nungen bezüglich individueller Risikofaktoren nützlich werden." (Vgl. ebd.)

An zweiter Stelle steht Recovery als Prozess, wobei es darum geht, die Erfahrungen, die im Verlauf einer Erkrankung gemacht wurden, bspw. traumatische Erfahrungen, in den gegenwärtigen Zustand zu integrieren. Es geht also darum zu
verstehen, was geschehen ist, um damit wieder mehr Sicherheit im eigenen Leben
zu erlangen, vom Objekt zum Subjekt zu werden. (Vgl. ebd., S. 95) „Recovery ist
hier ein aktiver Prozess, der dazu führen soll, dass weder durch Verleugnung noch
durch eine fortgesetzte Situation als Opfer das Leben eingeschränkt bleibt." (Vgl.
ebd.)

An dritter Stelle steht Recovery als Zugewinn an Kontrolle über das eigene Leben, die zuvor vielleicht nicht möglich war. Diese Definition von Recovery spielt
vor allem im Bereich von Abhängigkeitserkrankungen eine wichtige Rolle. Die
Bewältigung einer Sucht stellt einen Gewinn für die eigene Entwicklung und die
Stabilisierung der Identität dar.

Für Menschen, die eine Psychose erlebt haben, kann Recovery Verschiedenes
bedeuten. Zum einen das Zurückkehren zum Normalzustand, zum anderen aber
auch einen Prozess der Integration von traumatischen Erlebnissen, die viele Betroffene während und vor ihrer Psychose erlebt haben. Letzteres impliziert Weiterentwicklung, Erfahrungszuwachs und Bewusstseinserweiterung statt einer Rückkehr
zum Zustand vor der Psychose. (Vgl. ebd., S. 95 f.)

„Kontrolle über das eigene Leben, ein konstruktiver Umgang mit individuellen
Anfälligkeiten und Besonderheiten, Eigenverantwortlichkeit und Entscheidungsfreiheit sind aber nicht unbedingt daran gebunden, dass alle Symptome einer Erkrankung verschwinden." (ebd., S. 96)

Wie aus den vorausgegangenen Versuchen zu einer Definition von Recovery
unschwer zu erkennen ist, gibt es keine allgemeine Definition und auch kein stati-
sches Regelwerk.

Bock hält zusammenfassend fest, dass Recovery ein Prozess ist, der sehr individuell verläuft. Hoffnung spielt in diesem Prozess eine ausschlaggebende Rolle, die
sich in einer ressourcenorientierten Unterstützung mit individuellen Zielen und
einer positiven Prognose niederschlägt, „(□) denn eine der schädlichsten und am
stärksten stigmatisierenden Zuschreibungen ist die Unheilbarkeit psychischer Erkrankungen." (BOCK, T., 2010, S. 148)

Alle Beteiligten müssen dabei wissen, dass Gesundung in diesem Sinne fast
immer möglich ist und dass Gesundheit stets neben Krankheit existiert. Grundlegende Voraussetzungen, um Recovery umsetzen zu können, ist dabei die Realisati-

on des Rechts auf Partizipation, des Rechts auf Autonomie und der Schutz vor Diskriminierung.

Wichtiges Element des Recovery-Konzepts ist die partnerschaftliche Zusammenarbeit zwischen Betroffenen und Professionellen im psychiatrischen Bereich, mit dem Ziel, den Umgang mit psychiatrischen Erkrankungen von beiden Seiten zu verändern. Dabei sollten stets „(☐) subjektive Erklärungsmodelle und individuelle Prioritäten im Vordergrund (☐)"(AMERING, M. / SCHMOLKE, M., 2010, S. 97) stehen. Prinzipiell ist die Abkehr von der Defizit- hin zur Ressourcenorientierung anhand eines personenzentrierten Ansatzes notwendig, der sich an der Lebenswelt der Betroffenen orientiert und nicht deren Anpassung fordert. Damit eine verstärkte Partizipation von Betroffenen möglich wird, sollten zum einen u. a. Behandlungsvereinbarungen und PatientInnenverfügungen zwischen Betroffenen und psychiatrischen MitarbeiterInnen getroffen werden und zum anderen strukturelle und gesellschaftliche Veränderungen zu einer demokratischen Psychiatrie führen. (Vgl. ebd., S. 97 f.)

Zum Schluss lässt sich festhalten, „(☐) dass Recovery-Konzepte die Entwicklungen aus den Beschränkungen der Krankenrolle heraus hin zu einem selbstbestimmten, sinnerfüllten Leben beschreiben. Es handelt sich dabei meist um individuell fortlaufende Prozesse, die sich an für die einzelnen betroffenen Menschen wesentlichen Werten und Zielen orientieren." (ebd., S. 97)

3.3 Forschung

Die Recovery-Forschung steht zu diesem Zeitpunkt noch ganz am Anfang und beschäftigt sich mit verschiedenen Fragestellungen. Es geht vor allem um die subjektive Seite, die anhand von Informationen von einzelnen Betroffenen und durch den Austausch von Psychiatrie-Erfahrenen in Netzwerken herausgefunden werden soll und die die Frage untersucht, was gesund macht und gesund hält. Ausgangspunkt ist die Überzeugung, dass sich jeder von einer schweren psychischen Erkrankung erholen kann. Recovery bedeutet, ein zufriedenstellendes Leben mit oder ohne bestehende Symptomatik führen zu können. (Vgl. ebd., S. 100)

Anhand von qualitativen Studien wird untersucht, unter welchen Bedingungen Recovery positiv beeinflusst wird. 2005 wurde an der Universität in Yale eine Untersuchung mit 1000 Menschen mit der Diagnose „Schizophrenie" mit dem Ziel durchgeführt, die wichtigsten Dimensionen herauszufinden, die für Recovery von Bedeutung sind. Mittels statistischer Verfahren wurden Fragen nach „Hoffnung und Optimismus, Lebensqualität und Empowerment, Wissen zum Umgang mit

Hilfesystemen, soziales Netzwerk, Zufriedenheit und Unabhängigkeit" (Vgl. ebd., S. 143) gestellt.

Dabei wurde festgestellt, dass Empowerment an erster Stelle steht, gefolgt von dem Gefühl über die eigene Erkrankung und das Unterstützungssystem Bescheid zu wissen. An dritter Stelle wurde die Zufriedenheit mit der Lebensqualität genannt. An vierter Stelle kam die Wichtigkeit von Hoffnung und Optimismus hinzu. Dabei ist deutlich geworden, dass die Einstellung im psychiatrischen Bereich Tätiger einen wesentlichen Einfluss hat auf die eigene Einschätzung der Erkrankung, in Bezug auf den Verlauf und die Zuversicht zu gesunden. (Vgl. ebd.)

3.4 Recovery-Wege

Im Rahmen einer Masterthesis in Sozialer Arbeit wurden in einem Forschungsprojekt neun von Psychosen betroffene Menschen in einem Psychose-Seminar dazu befragt, woran sie subjektiv betrachtet ihre Recovery-Geschichte festmachen. Hierbei wurden von vornherein keine Kriterien festgelegt, es wurde ausschließlich nach der subjektiven Erfolgsgeschichte gefragt.

Sechs verschiedene Wege wurden von den Befragten genannt. Alle Wege wurden begangen und wurden unterschiedlich kombiniert und unterschiedlich intensiv genutzt.

Der erste Weg wird beschrieben als Sinngebung der Psychose. Gemeint ist damit, dass trotz der Belastungen durch die Psychose selbst dem Leben ein Sinn gegeben wird, um u. a. belastende Situationen zu ertragen. Bock schreibt zu den Symptomen einer Psychose: „Sie erzählen eine Geschichte, haben eine Botschaft. Sie bedeuten meist eine erhebliche Beeinträchtigung, haben aber oft gleichzeitig die Funktion, vor noch tieferen Selbstzweifeln und Schuldgefühlen, vor unaushaltbaren Schmerzen oder anderen Gefühlen, vor tiefen Ambivalenzen und Entscheidungskonflikten zu schützen." (BOCK, T., 2010, S. 17)

Was uns direkt zum zweiten Weg führt, zur Wahrnehmung der Psychose als Bereicherung. Die Erfahrungen, die Betroffene während ihrer Psychose machen, werden dabei als Möglichkeiten zur Weiterentwicklung betrachtet.

Der dritte Weg beschreibt die Annahme der eigenen Verletzlichkeit und bezieht sich auf die Fähigkeit, im Nachhinein zu reflektieren, wann die Psychose eingesetzt hat und welche Belastungen vermieden werden können, um eine weitere Psychose zu vermeiden. „Mal ist es die Arbeit, die zeitlich reduziert werden muss, mal entscheidet man, seine Kontakte ...vielleicht nur zu bestimmten Menschen ...einzuschränken oder man sucht sich eine neue Umgebung, die einem gut tut." (BOER-

MA, R. / RICHTERICH, B., 2009, S. 21) Die AutorInnen nennen in diesem Zusammenhang die Wichtigkeit des Kohärenzgefühls, das noch beschrieben wird. Es geht darum, zu verstehen, was passiert ist, und daraus Situationen handhabbar zu machen. In diesem Bereich wird besonders auf die Notwendigkeit einer vertrauensvollen, verständnisvollen, von Akzeptanz geprägten Beziehung zu professionellen MitarbeiterInnen verwiesen.

Der vierte Weg stellt die Entwicklung autonomer Lebensziele im Persönlichen und Beruflichen dar.

Der fünfte Weg heißt für die Betroffenen, sich selbst entscheiden zu können, ob professionelle Unterstützung angenommen werden soll. Dazu gehört die Fähigkeit zu erkennen, wann Unterstützung notwendig ist und wann eine Abgrenzung zu professionellen HelferInnen hilfreicher ist.

Als sechster Weg werden soziale Kontakte und die Eigenwirkung auf andere Menschen und damit verbunden der berufliche Wiedereinstieg, gute Freundschaften, ehrenamtliche Arbeit und das Engagement in Betroffenenbewegungen als wichtige Faktoren genannt. Insgesamt wurde festgestellt, dass die Psychose als Erkrankung keine vorrangige Rolle spielt. Für die meisten TeilnehmerInnen ging es vielmehr um die Integration der Psychose in ihr Leben, wobei hier die Zeit ausschlaggebend ist. So berichteten die TeilnehmerInnen von einem Veränderungszeitraum zwischen neun und dreißig Jahren. (Vgl. ebd., S. 20 ff.) Die AutorInnen fassen das Ergebnis ihres Forschungsprojekts wie folgt zusammen: „Erfolgspfade führen in unterschiedlicher Intensität, Kombination und in zirkulärer Wirkung über einen mehr oder weniger großen Zeitraum zu inneren Veränderungen, 'neuer☐ Hoffnung, einem souveränen Umgang mit Hilfe und einem Selbsterleben als 'Akteur seines Lebens☐ Erfolg ist ein kohärenter, zufriedenstellender Lebensentwurf, in den die Psychose-Erfahrung integriert ist." (Vgl. ebd., S. 23)

3.5 Bestandteile von Recovery

Im Anschluss werden nun die Bestandteile von Recovery aufgezeigt, die für die Gesundung eine ausschlaggebende Rolle spielen. Gesundheit ist dabei ein wichtiger Faktor. Im Zentrum stehen die gesunden Anteile eines Menschen mit einer schizophrenen Erkrankung. In diesem Zusammenhang beschreiben die Begriffe Resilienz und Empowerment wichtige Meilensteine auf dem Weg zu Recovery. Gesundheitsförderung zielt schließlich darauf ab, diese Recovery-Bestandteile zu stärken und einen gesetzlichen Anspruch auf deren Förderung zu verankern.

3.5.1 Gesundheit

Gesundheit ist der zentrale Begriff, der dem Recovery-Konzept zu Grunde liegt, ein schwer zu definierender Begriff. Er hängt stark vom individuellen Befinden ab und bezieht sich sowohl auf die körperliche als auch auf die seelische Befindlichkeit. Im Gegensatz zu einer Krankheit, die anhand von bestimmten Symptomen diagnostiziert werden kann, ist Gesundheit nicht so klar abzugrenzen. (Vgl. CLAUSEN, J. / EICHENBRENNER, I., 2010, S. 35) Das Wohlbefinden ist eine Grundlage von Gesundheit und kann auf verschiedenen Ebenen definiert werden. Zum einen spielt dabei die körperliche Verfassung eine Rolle und die damit verbundenen Möglichkeiten zur Befriedigung von Bedürfnissen. Zum anderen ist es für das soziale Wohlbefinden wichtig mit anderen Menschen zu kommunizieren, zu interagieren und im Dialog zu sein. Hinzu kommt das materielle Wohlbefinden und die damit verbundene finanzielle Lage und Ausstattung. Das Wohlbefinden steht in einem engen Zusammenhang mit der individuellen Handlungsfähigkeit, dem eigenen Kompetenzgefühl und der Selbstbestimmtheit, die mit der Entwicklung der Persönlichkeit einhergehen. Emotionales Wohlbefinden in Bezug auf die aktuelle Gefühlslage und in Bezug auf die Persönlichkeit und Biografie spielt ebenfalls eine Rolle. Das Wohlbefinden von Menschen, die psychisch erkrankt sind, wird häufig aus Betroffensicht als seelisch und körperlich eingeschränkt empfunden. (Vgl. ebd., S.35 f.) „Die Symptome der Erkrankung und die Nebenwirkungen der Medikamente greifen stark in das Alltagleben ein, soziale Kontakte werden schwieriger, das Selbstwertgefühl leidet. Am Ende dieser Entwicklung kommt es häufig zu äußeren und inneren Rückzügen, zu sozialer Isolation und Vereinsamung." (Vgl. ebd., S. 36) Im Zentrum von Recovery stehen die Förderung von seelischer Gesundheit und die Frage nach der „Sinnerfülltheit", um sowohl psychisches als auch physisches Wohlbefinden zu erlangen. (vgl. AMERING, M. / SCHMOLKE, M., 2010, S.136)

Salutogenese und Kohärenzgefühl

Das Konzept der Salutogenese wurde von A. Antonovsky in seinen beiden Hauptwerken „Health, stress and coping: New perspectives on physical and mental wellbeing" (1979) und „Unraveling the mystery of health. How people manage stress and stay well (1987) formuliert. Bei diesem Konzept liegt der Fokus im Unterschied zur Pathogenese auf der Gesundheit. Das Konzept der Salutogenese ist in das Recovery-Konzept integriert, weshalb hier näher darauf eingegangen werden soll. Mit dem von Antonovsky geprägten Begriff des „Kontinuums von Gesundheit" wird beschrieben, dass der Mensch mal mehr und mal weniger gesund ist und der Zustand absoluter Gesundheit und ausschließlicher Krankheit nicht existiert. Im Zusammenhang mit einer psychischen Erkrankung werden „psychische Störungen und positive psychische Gesundheit (..) nicht als die entgegengesetzten Endpunkte einer linearen Skala verstanden, sondern als zwei sich überschneidende und aufeinander bezogene Komponenten eines einzigen Konzeptes von psychischer Gesundheit." (ebd.) Die Fragen, warum Menschen gesund bleiben, wie Gesundheit erhalten werden kann und warum manche Menschen trotz widriger Umstände genesen und andere nicht, stehen im Zentrum des salutogenetischen Denkens. (Vgl. CLAUSEN, J. / EICHENBRENNER, I., 2010, S. 33) „Im Sinne der Salutogenese werden vielmehr auch die Ressourcen eines seelisch erkrankten Menschen und die Bewältigungsmöglichkeiten in seinem konkreten sozialen Umfeld erforscht. Die Vollständigkeit der Wahrnehmung und die Ganzheitlichkeit des Handelns beweisen sich erst darin, bei jedem einzelnen Mensch neu zu erkunden, wie er Situationen und Krisen versteht, welche Bedeutsamkeit er ihnen verleiht, welche Mittel ihm zur Verfügung stehen und wie er sie konstruktiv meistert." (ebd., S. 34) In diesem Zusammenhang beschreibt Antonovsky das Kohärenzgefühl wie folgt.

Kohärenzgefühl

Mit dem Begriff Kohärenzgefühl wird der Grad an Selbstkompetenz beschrieben, der notwendig ist, um seelische Gesundheit zu erhalten oder zu erlangen. Das Kohärenzgefühl wird in drei Kompetenzen aufgesplittet.

a) **Verstehbarkeit** beinhaltet das Verstehen der eigenen Situation und etwaiger Handlungen. Belastende Erfahrungen erscheinen im Zuge dessen weniger willkürlich, Betroffene fühlen sich in geringerem Maße ausgeliefert.

b) **Handhabbarkeit** meint das Zurechtfinden in der Gesellschaft, die Sicherheit, Anforderungen / Krisen zu meistern. (Vgl. ebd., S. 33) „Wenn (..) der Körper und die Seele in der Lage sind, für eine gewisse Ausgewogenheit der Belastungen und Anstrengungen zu sorgen sowie Über- und Unterforderungen zu vermeiden, dann werden auch schwierige Situationen handhabbar." (ebd.)

c) Mit **Bedeutsamkeit** ist das Wissen über die eigenen Wünsche und Wertvorstellungen gemeint und die Fähigkeit das eigene Handeln nach diesen auszurichten. (ebd.)

3.5.2 Resilienz

Die Entwicklung dessen, was unter Resilienz verstanden wird, leistet einen wesentlichen Beitrag zur seelischen Gesundheit und Stabilität, zum Faktor Zuversicht / Hoffnung und damit zur Gesundung. (Vgl. AMERING, M. / SCHMOLKE, M., 2010, S. 112) In diesem Zusammenhang ist mit Resilienz „Widerstandskraft, Elastizität, Wiedergewinnung der ursprünglichen seelischen Stabilität nach einer Belastung" (ebd.) gemeint. Die Entwicklung von Resilienz wird häufig in Bezug auf Kindheitserfahrungen genannt, auf die hier jedoch nicht näher eingegangen werden kann. Resilienz im Kontext von Recovery bezieht sich vielmehr darauf, wie Menschen, die schizophren erkrankt sind, mit ihrer Erkrankung leben lernen können.

Eine in Australien 2005 durchgeführte qualitative Studie beschäftigte sich mit den subjektiven Erfahrungen, die Menschen mit einer schizophrenen Störung gemacht haben. Wichtiges Ergebnis dieser Studie war, dass Menschen, die an Schizophrenie erkrankt sind, immer wieder Phasen von Resilienz erleben und somit davon ausgegangen werden kann, (Vgl. ebd., S. 112) „(☐) dass das Leben mit Schizophrenie Möglichkeiten bereitstellt, Resilienz zu entwickeln, da das Selbst sich der Erkrankung unerwartet und ungeplant anpasst. Die Erkrankung verändert das Leben und das Selbst übergreifend und grundlegend." (ebd.) Resilienz im Kontext einer Schizophrenie zu entwickeln, bedeutet, sich mit der Erkrankung auseinanderzusetzen, eigene Ressourcen zu identifizieren und einzusetzen, um sich zu stabilisieren und den Istzustand zu akzeptieren. (Vgl. ebd., S. 120) „Die Wiederverbindung mit dem Leben resultiert aus einer grundlegend veränderten Sichtweise des eigenen Selbst und des eigenen Lebens. Sich dem Leben wieder anzuschließen, geschieht als aktiver Prozess durch vielfältige Aktivitäten und Beziehungen mit anderen." (ebd., S. 120 f.)

Wichtige Komponenten auf dem Weg zur Resilienz für Menschen, die an Schizophrenie erkrankt sind, stellen „Achtsamkeit, zielgerichtetes Handeln, Hartnäckigkeit, Mut, die Fähigkeit, mit dem Unerwarteten umzugehen und trotz Schwierigkeiten weiterzugehen (☐)" (ebd., S. 121) dar. Für die psychiatrische Praxis bedeutet dies, dass Unterstützung in Bezug auf die Entwicklung eines resilienteren Selbst möglich ist. (Vgl. ebd.) Ressourcen können teilweise von Betroffenen selbst genutzt werden, teilweise ist Unterstützung bei der Identifikation und Förderung von Ressourcen für die Betroffenen hilfreich. Resilienz ist nichts, was man hat oder nicht hat. Sie entwickelt sich vielmehr gemeinsam mit den Bewältigungsmechanismen. Idealerweise wird der Grundstein für die Entwicklung von Resilienz in der frühen Kindheit gelegt in der Beziehung zu den ersten Bezugspersonen. (Vgl. ebd., S. 125 f.) Zu beachten ist aber auch, dass Resilienz „entwickelt, nachentwickelt und erlernt werden" (ebd., S. 125) kann, sobald Zuversicht / Hoffnung geweckt worden sind, wenn Unterstützung durch professionelle MitarbeiterInnen bei Bedarf möglich ist und wenn Institutionen und deren MitarbeiterInnen im stationären und ambulanten Bereich verstärkt Betroffene in ihrer Ganzheitlichkeit wahrnehmen und sie nicht nur auf ihre Krankheit und deren Behandlung reduzieren. (Vgl. ebd., S. 125 f.)

3.5.3 Empowerment

Empowerment und Resilienz sind eng miteinander verknüpft. Je resilienter sich Betroffene fühlen, desto eher können sie sich selbst helfen, sich engagieren, sich wehren. Empowerment kann in diesem Zusammenhang am besten mit der Emanzipation der Menschen, die schizophren erkrankt sind, gleichgesetzt werden. Dabei geht es um die Forderung nach und Durchsetzung von Gleichbehandlung im Kampf gegen Benachteiligung und Stigmatisierung. (Vgl. CLAUSEN, J. / EICHENBRENNER, I., 2010, S. 25) Corrigan bezeichnet Empowerment als Selbstwirksamkeit, Selbstbestimmung und Selbstermächtigung. Empowerment ist damit ebenso wie Resilienz wesentlicher Bestandteil von Recovery als Prozess. (Vgl. AMERING, M. / SCHMOLKE, M., 2010, S. 143)

Empowerment steht für die Selbstbemächtigung der Betroffenen, deren Bezeichnung ihrer selbst von „(☐) Nutzern, Psychiatrie-Überlebenden, Psychiatrie-Erfahrenen, Ex-Patienten (☐)" (CLAUSEN, J. / EICHENBRENNER, I., 2010, S. 29) bis KlientInnen reicht. Ihr Engagement richtet sich gegen die Ausübung von Kontrolle und Macht durch psychiatrische Einrichtungen, gefordert wird eine partnerschaftliche Begegnung von Psychiatrie-Erfahrenen und psychiatrischen MitarbeiterInnen, eine gleichberechtigte Position in der Gesellschaft allgemein.

Als wichtige Voraussetzungen für ein gelingendes Empowerment in psychiatrischen Einrichtungen müssen hier ebenfalls die Ressourcen, statt der Defizite, im Vordergrund stehen und gefördert werden. KlientInnen müssen als ExpertInnen ihrer eigenen Erkrankung betrachtet werden und können professionelle MitarbeiterInnen darüber informieren. Des Weiteren ist das Recht auf Selbstbestimmung ein zentraler Aspekt. KlientInnen müssen die Wahl haben, wie und wo sie leben wollen, wann und wie sie unterstützt werden wollen. Alternativen müssen aufgezeigt werden. Wichtig ist ebenso, dass KlientInnen nicht passiv behandelt werden, sondern dass gemeinsam über die anschließende Therapie, Medikation und Begleitung beraten, d. h. verhandelt wird. Selbsthilfegruppen ermöglichen gegenseitige Hilfe von Betroffenen untereinander und gegenseitiges Informieren über Strategien zur

Bewältigung von Krisenanzeichen. Indem sich Psychiatrie-Erfahrene in Gremien und Beiräten engagieren und ihre Bedürfnisse vertreten, findet eine Umkehr vom Objekt zum Subjekt, eine Veränderung zum aktiven Mitglied der Gesellschaft statt. Über die Anerkennung einer beratenden Funktion von Psychiatrie-Erfahrenen wird Partizipation möglich, der Grad an Mitbestimmung steigt. Gemeint ist die Beratung von professionellen MitarbeiterInnen, von Angehörigen und von anderen betroffenen Psychiatrie-Erfahrenen.

Psychiatrie-Erfahrene engagieren sich in Selbsthilfegruppen, in regionalen und überregionalen Verbänden wie bspw. im Bundesverband der Psychiatrie-Erfahrenen (BPE). Sie engagieren sich in Selbsthilfeorganisationen gegen die in der Gesellschaft vorherrschenden Vorurteile gegenüber Menschen, die an Schizophrenie erkrankt sind, sie engagieren sich gegen Stigmatisierung. Übergeordnetes Ziel von Empowerment ist dabei die Inklusion von Menschen mit einer psychischen Erkrankung in die Gesellschaft und deren Achtung in ihrer Würde. (Vgl. ebd., S. 30) „Inklusion im Sinne der UN-Behindertenrechtskonvention bedeutet, dass allen Menschen von Anfang an in allen gesellschaftlichen Bereichen eine selbstbestimmte und gleichberechtigte Teilhabe möglich ist." (http://www.behindertenbeauftragter. de/DE/Landkarte/2Bewertung/Bewertung.html)

2005 wurde das Projekt EX-IN (Experienced Involvement) im Rahmen eines EU-geförderten Programms entwickelt. Ziel dieses Projektes ist, Psychiatrie-Erfahrene zu qualifizieren, um in psychiatrischen Einrichtungen selbst professionell tätig werden zu können (Vgl. BOSSHARD, M. / EBERT, U. / LAZARUS, H., 2010, S. 508 f.), denn „(☐) wenn Psychiatrieerfahrene als Experten durch Erfahrung aufgrund ihrer Fähigkeiten, Erkenntnisse und Erfahrungen (in einer Einrichtung) angestellt werden und nicht als Vertreter einer Krankheit oder Störung, dann hat dieser Ansatz Potential, ein neues Selbstverständnis in der Psychiatrie zu etablieren, in dem wirklich die Bedürfnisse der Nutzerinnen und Nutzer im Mittelpunkt stehen." (UTSCHAKOWSKI, J. et al., zit. nach: ebd., S. 509)

Im weiteren Sinne von Selbsthilfe stellen die Weglaufhäuser, wie es sie in Berlin und Bochum inzwischen gibt, eine Alternative zur psychiatrischen Klinik dar. „Das Weglaufhaus ist ein Asyl, in dem die BewohnerInnen und Bewohner selbst den Alltag gestalten, sich miteinander austauschen und sich nicht primär auf die MitarbeiterInnen beziehen." (BOSSHARD, M. / EBERT, U. / LAZARUS, H., 2010, S. 508) Diese Initiative wird mit staatlichen Mitteln gefördert. Die Krisenpension in Berlin ist ebenfalls eine Alternative zu einer Behandlung in einer psychiatrischen Klinik und ist entstanden durch den Zusammenschluss von Betroffenen und Professionellen. Dieses Projekt wird von zwei Krankenkassen subventioniert. (vgl. ebd., S. 508 f.)

Diese Entwicklungen sind lobenswert, dennoch gibt es nach wie vor viele Menschen mit einer psychischen Erkrankung, die in der Isolation leben, durch ihre Erkrankung stigmatisiert und diskriminiert. Diese gilt es zu „empowern", ihrer selbst wieder zu bemächtigen zu einer selbstbestimmten und gleichberechtigen Teilhabe. (Vgl. CLAUSEN, J. / EICHENBRENNER, I., 2010, S. 29 f.) Auf diesen Aspekt von Empowerment wird später noch eingegangen.

Wie kann Empowerment von professioneller Seite unterstützt werden?
Damit Empowerment gelingen kann, beschreibt Knuf drei Aspekte einer Empowerment-Haltung, die von professioneller Seite aus einzunehmen ist. Dazu gehört das **Vertrauen in die Fähigkeit jedes Einzelnen.** Fähigkeiten von Betroffenen müssen wahrgenommen, gewürdigt und gefördert werden. „Zu den Fähigkeiten der Betroffenen gehört es auch, häufig erstaunlich gut angeben zu können, was sie in Krisen brauchen oder wie sie sich die Lösung einer momentanen Schwierigkeit vorstellen." (KNUF, A., 2007, S. 52 ff.) Knuf nennt dann eine **nicht beurteilende Grundhaltung,** die individuelle Lebensentwürfe auch dann respektiert und KlientInnen bei deren Realisierung unterstützt, wenn diese nicht den eigenen Vorstellungen entsprechen. An dritter Stelle wird eine **passive Aktivität** befürwortet. Damit gemeint ist eine Zurückhaltung von professioneller Seite aus, die auf Vertrauen in die Fähigkeiten der anderen basiert. Geduld und Zeit lassen gehören dabei zur professionellen Haltung genauso wie das richtige Maß an verstärkter Unterstützung in Krisenzeiten und geringerer in stabileren Zeiten, statt zu bevormunden, KlientInnen Entscheidungen abzunehmen und Lösungswege vorzugeben. (Vgl. ebd.)

3.5.4 Gesundheitsförderung

Gesundheitsförderung basiert auf einem salutogenetischen Ansatz, der mit dem Recovery-Konzept verfolgt werden soll. Gesundheitsförderung zielt darauf ab, Ressourcen und protektive Faktoren zu stärken und schließlich einen Zugewinn an Gesundheit zu erreichen. Der Bereich der Prävention soll in diesem Zusammenhang außen vor gelassen werden. Vor allem die subjektive Seite von Gesundheit steht im Vordergrund von Gesundheitsförderung unter Einbeziehung von sozialen Zusammenhängen, was bedeutet, dass gesunde Anteile identifiziert werden und durch „Anleitung und Hilfe zur aktiven Teilhabe ( )" (BERGER, H., 2003, S. 14) die Selbstheilungskräfte der Betroffenen gefördert werden. Ziele von Gesundheitsförderung für die psychiatrische Arbeit beinhalten dementsprechend eine Stärkung von Empowerment, die Förderung aktiver Teilhabe, die Förderung des Gefühls der

Selbstwirksamkeit, die Förderung des Kohärenzgefühls und die Stärkung von Resilienz. Hier genannte Begriffe sind gemeinsame Inhalte von Recovery und Gesundheitsförderung.

Auf politischer Ebene muss sich Gesundheitsförderung noch etablieren, die ersten Schritte hierzu sind gemacht. 1986 wurde von der WHO in der Ottawa-Charta Gesundheit als ein im Alltag aktiv herzustellendes Element beschrieben und nicht mehr nur als Zustand ohne Krankheit betrachtet. Speziell in der Förderung von seelischer Gesundheit stehen „(☐) die Förderung und Wiederentdeckung von individuellen Ressourcen, Fertigkeiten und Fähigkeiten sowie Verbesserungen in der sozioökonomischen Umwelt" (AMERING, M. / SCHMOLKE, M., 2010, S. 129) im Vordergrund. Seelische Gesundheit bedeutet, wie im World Health Report der WHO 2001 formuliert „(☐) ein Zustand des Wohlbefindens, in dem der Einzelne seine Fähigkeiten erkennt, mit den normalen Anforderungen des Lebens umgehen kann, produktiv arbeiten kann und in der Lage ist, einen Beitrag für seine Gemeinschaft zu leisten." (WHO, 2001 zit. und übersetzt nach ebd.)

1998 wurden „Leitlinien für die Gesundheitsförderung in psychiatrischen Diensten" durch die „Task Force on Health Promoting Psychiatric Services" entwickelt, ein Netzwerk mit Sitz in Deutschland, das in der Zwischenzeit 100 Institutionen zu seinen Mitgliedern zählt. Die Leitlinien beziehen sich auf acht Bereiche: (Vgl. BERGER, H. / PAUL, R. / HEIMSATH, E., 2006, S. 150 f.) „Gesundheitsfördernde psychiatrische Dienste sollen 1. den einzelnen Menschen in der Gesamtheit seiner Lebensbezüge betrachten. 2. auf einem ganzheitlichen Konzept von Gesundheit und Krankheit basieren. 3. Die vorhandenen Ressourcen unterstützen und verstärken. 4. die aktive Partizipation und Verantwortlichkeit für die eigene Gesundheit von Patienten und deren Angehörigen fördern. 5. ihre Aktivitäten an menschlicher Würde, Gleichheit und Solidarität unter Berücksichtigung der spezifischen Bedürfnisse von Gruppen unterschiedlicher kultureller Herkunft innerhalb der Gesellschaft ausrichten. 6. ihr Handeln auf das Wohlbefinden der Patienten, ihrer Familien und der Mitarbeiter ausrichten. 7. gesunde Arbeitsbedingungen für die Mitarbeiter in psychiatrischen Diensten fördern. 8. die Gesamtheit der Gesundheitsdienste insgesamt im Blick behalten und die Kommunikation und Kooperation aller Dienste, die im Bereich seelischer Gesundheit und psychiatrischer Behandlung aktiv sind, fördern." (ebd.) International arbeiten verschiedene Organisationen an der Förderung seelischer Gesundheit, darunter die World Psychiatric Association (WPA), die World Health Organization (WHO) und die World Federation for Mental Health (WFMH), die in Bezug auf seelische Gesundheit die Ansicht vertreten, dass „(☐) seelische Gesundheit u. a. von sozioökonomischen und Umweltfaktoren bestimmt wird und dass sie durch effektive Maßnahmen des öffentlichen Gesundheits-wesens gestärkt werden kann." (AMERING, M. / SCHMOLKE, M., 2010, S. 132)

3.6 Recovery in der psychiatrischen Praxis

3.6.1 Phasen von Recovery

Das Institut für Seelische Gesundheit in England hat in Anlehnung an ein Vier-Phasen-Modell von Townsend et al. Vorschläge zu einem recovery-orientierten Vorgehen in der Praxis veröffentlicht. (Vgl. TOWNSEND, W. et al.., zit. und über-setzt nach AMERING, M. / SCHMOLKE, M., 2010, S. 254 ff.) Vorab muss betont werden, dass sich die Entwicklung von Betroffenen nicht immer so schematisch einteilen lässt. Zuweilen werden Phasen mehrfach durchlaufen. Trotzdem erscheint es hilfreich, sich immer wieder zu vergegenwärtigen, in welcher Phase sich Klient-Innen befinden.

Phase 1: In der ersten Phase wird davon ausgegangen, dass sich Betroffene in einem Zustand von Hilfsbedürftigkeit, Abhängigkeit und Unselbständigkeit befin-den und ihr Bewusstsein die Situation nicht erfassen kann. Townsend nennt dieses Stadium „dependent / unaware". Wünsche, Bedürfnisse und auch Schwierigkeiten sind den Betroffenen nicht klar, es mangelt an der Motivation zu Veränderungen und an Zielen. Professionelle MitarbeiterInnen dürfen dabei in ihrer Unterstützung nicht resignieren und entwerten. Ziel in diesem Stadium ist die Vermittlung von Informationen und die Förderung von Bewusstheit mit viel Geduld und Ausdauer.

Phase 2: In der zweiten Phase, die mit „dependent / aware" umschrieben wird, wissen Betroffene über ihre Erkrankung Bescheid und können sich auf professio-nelle Unterstützung verlassen, haben aber noch kein Vertrauen in ihre eigenen Fä-higkeiten, d.h. sie fühlen sich abhängig. Unterstützung von professioneller Seite heißt in diesem Stadium häufig, Dinge für KlientInnen zu übernehmen, statt sie mit ihnen zusammen zu bearbeiten. KlientInnen leiden unter einem geringen Selbst-wertgefühl und einem geringen Gefühl an Selbstwirksamkeit. Stigmatisierung und sozialer Ausschluss prägen ihre Situation.

Phase 3: In der dritten Phase, genannt „independent / aware", nimmt die Über-nahme von Eigenverantwortung zu. Der Glaube daran, selbst etwas verändern zu können, wächst. Viele Betroffene beginnen sich mit ihrer Biografie auseinander zu setzen, beginnen andere Menschen wieder wahrzunehmen und engagieren sich in Interessenvertretungen. Die Verlässlichkeit des Hilfesystems verliert an Wichtigkeit. In diesem Stadium sollten KlientInnen verstärkt zu externen Aktivitäten ermutigt und ihre Unabhängigkeit sollte gefördert werden.

Phase 4: Mit „interdependent / aware" wird die vierte Phase benannt. In diesem Stadium besteht das Bewusstsein, Hilfe zu finden und zu bekommen, wenn sie notwendig ist. Es geht um die Steuerung des eigenen Lebens. Psychiatrische Unterstützung, wenn sie für die Gesundheit förderlich ist, kann nebenher laufen, das Leben findet nicht mehr im psychiatrischen Hilfesystem statt, es sei denn als MitarbeiterInnen. Beim Abschied von der Rolle als KlientIn ist Unterstützung von professioneller Seite aus notwendig. Wichtig dabei für die Betroffenen ist, zu wissen, dass Unterstützung zu jeder Zeit wieder möglich ist.

3.6.2 Recoveryorientierung in psychiatrischen Einrichtungen

Um eine recovery-orientierte Unterstützung in psychiatrischen Einrichtungen gewährleisten zu können, wurden Kernkompetenzen für professionelle MitarbeiterInnen formuliert. Dazu gehört die Verständigung auf eine partnerschaftliche Zusammenarbeit, auf die Achtung von Verschiedenheit und auf eine Praxis, die auf bestimmten Werten beruht. Hinzu kommt der Kampf gegen Exklusion und Benachteiligung und der Wille Recovery zu fördern. Personenzentriertes Arbeiten, Ressourcenorientierung, der Wille etwas zu verändern und die persönliche Weiterentwicklung werden ebenfalls als Kernkompetenzen genannt. (Vgl. AMERING, M. / SCHMOLKE, M., 2010, S. 254 ff) Ziel der Formulierung von Kernkompetenzen ist die Entwicklung einer neuen kulturellen Umgebung in psychiatrischen Einrichtungen. „Sowohl Inhalt als auch Form der Kommunikation und Organisation sollen ausdrücken und fördern, dass es Hoffnung gibt. Die Werte und Ziele der Einzelpersonen und ihre Stärken müssen im Mittelpunkt der Bemühungen stehen. Das Recht auf Partizipation und Selbstbestimmung sowie der Schutz vor Diskriminierung müssen ins Zentrum der Anstrengungen für Recovery rücken. Die Entwicklungen aus der Patientenrolle zu einem selbstbestimmten, sinnerfüllten Leben ist das Ziel aller Hilfen." (ebd., S. 255)

Im Zusammenhang mit dem Thema dieser Arbeit ist besonders eine qualitative Studie von zwei Forscherinnen an der Norwegian University of Science and Technology in Oslo aus dem Jahr 2004 interessant, die sich mit der Frage nach einer recovery-orientierten, helfenden Beziehung in psychiatrischen Einrichtungen auseinandersetzt. (Vgl. ebd., S. 238 f.) Dabei wurden 15 Menschen mit schweren psychiatrischen Erkrankungen interviewt. Gesucht wurden Faktoren, die von Betroffenen, die sich selbst auf dem Recovery-Weg oder als recovered sahen, in der Beziehung zu professionellen MitarbeiterInnen als hilfreich erlebt wurden. Als wichtigste Faktoren wurden in der Beziehung zu professionellen MitarbeiterInnen „Empathie, Respekt und eine allgemeine Von-Mensch-zu-Mensch-Haltung" (ebd., S. 238) genannt. Zu diesen Bereichen zählten auch die Wichtigkeit des Zuhörens, der Offenheit und des echten Interesses von Professionellen gegenüber den Betroffenen. Weniger von Belang war die fachliche Kompetenz. Folgende Aspekte wurden von den Betroffenen ebenfalls als hilfreich beschrieben:

Von Bedeutung für viele Interviewte war das Gesehen-werden. Gemeint wurde damit das Zeigen eines persönlichen Interesses, bspw. durch die Nachfrage nach dem Gesundheitszustand von Angehörigen. Außerdem wurde die Relevanz deutlich, nicht nur krank, sondern auch gesund sein zu dürfen, nicht nur Leid, sondern auch Zuversicht mit den MitarbeiterInnen zu teilen. Einige StudienteilnehmerInnen berichteten, dass mit einer passenden Helferin oder einem passenden Helfer Veränderungen in Gang gesetzt wurden. Andere empfanden eine kontinuierliche und sichere Beziehung als besonders hilfreich. Für wieder andere war dagegen der Glaube, ein Arbeitsplatz, ausreichende finanzielle Mittel oder ein Haustier ein hilfreicher Begleiter.

Insgesamt wurden engagierte MitarbeiterInnen sehr geschätzt, die im Alltag, besonders in Krisen, anwesend und bereit waren, auf die individuellen Bedürfnisse der Betroffenen einzugehen. Als weiterer wichtiger Faktor wurde die Zeit genannt, die sich MitarbeiterInnen für ein Gespräch oder für eine gemeinsame Unternehmung nahmen. Gemeint wurde damit auch die Zeit, die sich über die reguläre Arbeitszeit hinaus genommen wurde. Außerdem spielten Humor von Seiten der MitarbeiterInnen, gute Gespräche, die Hilfe bei praktischen Dingen und die Unterstützung bei verstärkten Ängsten / Stimmenhören eine wichtige Rolle.

Weitere Punkte wurden mit der Vermittlung von Hoffnung / Zuversicht und mit der Ermutigung, weiter zu gehen, genannt. In Zeiten, in denen es außerhalb keine verlässlichen Bezugspersonen im Leben der Betroffenen gab, war eine stabile und kontinuierliche Beziehung äußerst wichtig. Vor allem aber wurde auch unerwartetes Handeln, das Lockern von Regeln sehr positiv aufgenommen, so bspw. das Auszahlen eines Vorschusses oder das Annehmen eines Geschenks. Wichtig war vielen TeilnehmerInnen auch eine teilweise freundschaftliche Beziehung zu den HelferInnen, da sie sich dadurch weniger auf ihre Krankheit reduziert fühlten. Unterstützung erlebten die Betroffenen jedoch nicht nur durch Nettigkeiten, sondern auch durch klar formulierte Forderungen. Als Beispiel wurde die Teilnahme an Therapiegruppen genannt, die zwar zuerst abgelehnt, später aber als hilfreich empfunden wurde.

Zusammenfassend lässt sich sagen, dass Fachwissen noch lange nicht ausreicht, um Recovery zu fördern. Besonders menschliche Verhaltensweisen von professionellen MitarbeiterInnen scheinen unterstützend auf die Betroffenen zu wirken. (Vgl. ebd., S. 236 ff.)

„Die Aufgabe der professionellen HelferInnen ist, die Fähigkeit der einzelnen Hilfesuchenden zur Recovery zu entdecken, sie dabei zu unterstützen und anzuregen und sie auf diesem Wege zu begleiten." (ebd., S. 243) Vor allem eine positive Beziehung, die von Optimismus geprägt und an den Ressourcen orientiert ist, wurde als hilfreich betrachtet. (Vgl. ebd.)

Anthony und Farkas, zwei ForscherInnen an der Boston University im Bereich psychiatrischer Rehabilitation, fanden heraus, dass um ein Recovery-Konzept in der Praxis umzusetzen, sich vor allem die gesamte Institution auf ein Menschenbild bzw. Selbstbild verständigen muss, das die wesentlichen Ideen von Recovery ... Gesundheit, Resilienz und Empowerment ...beinhaltet. Dieses ganzheitliche Verständnis steht im Gegensatz zu einer Vorgehensweise von immer differenzierteren Einzelangeboten, die kein erkennbar ganzheitliches Konzept im Hintergrund haben. (Vgl. ebd., S. 249)

Anthony und Farkas haben in diesem Zusammenhang Bedingungen für Einrichtungen formuliert, die recovery-orientiert arbeiten wollen. Dies bedeutet, über eine umfassende und kontinuierliche Betreuung hinaus, den KlientInnen „so zu helfen, dass sie erfolgreich und zufrieden in der Umgebung und unter den Umständen leben können, die sie sich selbst aussuchen." (ebd., S. 251) KlientInnen müssen dementsprechend einbezogen werden in die Diskussion um das Leitbild einer Institution. Zusätzlich muss es möglich sein, dass KlientInnen selbst darüber entscheiden können, welche Art der Hilfe ihnen notwendig erscheint, wann und in welchem Umfang. Informationen müssen KlientInnen so zugänglich gemacht werden, dass sie verstehbar und von ihnen kommentierbar sind, dies schließt auch die Transparenz im Bereich der Dokumentation ein. Ergebnis-Kriterien im Bereich der Qualitätssicherung sollten von KlientInnen bestimmt werden. Qualität im Allgemeinen sollte in Zusammenarbeit von MitarbeiterInnen, Betroffenen, Angehörigen und interessierten Mitgliedern der Öffentlichkeit diskutiert werden. Außerdem wird von Anthony und Farkas gefordert, dass bei Sanitäranlagen in Einrichtungen keine Trennung zwischen Personal und KlientInnen vollzogen wird, denn auch damit wird zwischen „gesund" und „krank" getrennt. Wichtig erscheint auch, dass eine Einbindung in die Gemeinde stattfindet, um den Ausschlusscharakter von psychiatrischen Einrichtungen zu unterlaufen. Des Weiteren muss es im Interesse von psychiatrischen Institutionen sein, MitarbeiterInnen auszuwählen, die mit dem Recovery-Gedanken übereinstimmen. „Die Fähigkeit zum Erhalten von Hoffnung, der

Glaube an Entwicklungsmöglichkeiten und eine nichtdiskriminierende Haltung KlientInnen gegenüber sind unabdingbare Eigenschaften von Personal in recovery-orientierten Einrichtungen." (ebd., S. 252) Dabei wurde festgestellt, dass professionelle MitarbeiterInnen, die eigene Erfahrungen mit psychiatrischen Krisen mitbringen, einen wichtigen Bestandteil in einem recovery-orientierten Team darstellen. Schon in der Ausbildung zur MitarbeiterIn in einer Einrichtung sollte nicht nur Wert darauf gelegt werden, mit Krisen umgehen zu können, sondern sollten auch Recovery-Geschichten Thema sein. (ebd., S. 248 ff.)

3.7 Recovery-Geschichten

Da der Recovery-Gedanke vor allem von den Lebensgeschichten der Betroffenen und deren Engagement lebt, sollen an dieser Stelle zwei „Erfolgsgeschichten", die in der Literatur zu finden sind, angefügt und deren subjektives Verständnis von Recovery aufgezeigt werden.

3.7.1 Ron Coleman

Ron Coleman stammt aus Großbritannien und war jahrelang in psychiatrischer Behandlung, nachdem die Diagnose „paranoide Schizophrenie" gestellt wurde. In seinem Buch „Recovery ...an alien concept" (Vgl. http://www.roncolemanvoices. co.uk/the-ron-coleman-story), das im Jahr 2000 erstmalig erschienen ist, erzählt er seine Lebensgeschichte und setzt sich mit dem Recovery-Konzept auseinander. Seine Entwicklung sei hier kurz nach Amering / Schmolke skizziert.

Coleman erlebte mit 11 Jahren das Trauma eines sexuellen Missbrauchs. Laut eigener Auskunft hätte Coleman dieses Trauma verkraften können, als jedoch der Selbstmord seiner Lebensgefährtin einige Jahre später ein weiteres Trauma auslöste und er selbst einen Unfall hatte, begann er Stimmen zu hören und betrachtete sich selbst als wahnsinnig. Er suchte Hilfe, wollte jedoch nicht stationär behandelt werden, wurde aber schließlich dazu gezwungen und erhielt die Diagnose „paranoide Schizophrenie". Zehn Jahre seines Lebens wurde Ron Coleman psychiatrisch betreut, größtenteils in psychiatrischen Krankenhäusern. Medikamente halfen in geringem Maße und die Betreuung führte nicht zu langfristigen Verbesserungen. Erst als er über eine Betreuerin in Kontakt mit einer Selbsthilfegruppe von StimmenhörerInnen kam, fing er an, sich mit Unterstützung durch neu erworbene Freundschaften in der Gruppe und durch professionelle MitarbeiterInnen mit seinen Stimmen auseinander zu setzen. Schließlich war er überzeugt, etwas verändern zu können. „Heute ist er verheiratet, hat acht Kinder und verdient sehr gut als Gesundheitsmanager, der international psychiatrische Institutionen bei deren Weiterentwicklung berät. Er hört nach wie vor Stimmen, kann aber trotzdem ein weithin gesundes und sehr erfolgreiches Leben führen." (BOCK, T., 2010, S. 147)

Coleman kritisiert die Diagnose Schizophrenie selbst, da der Mensch damit reduziert wird auf die Störung. Das Selbstwertgefühl und die eigene Akzeptanz werden dadurch bedroht.

Coleman stellt des Weiteren konkrete Forderungen an Psychiatrie-Erfahrene und professionelle MitarbeiterInnen. Er fordert, dass Betroffene, um den Recovery-Weg einzuschlagen, aus ihrer Opferrolle heraustreten, selbst Verantwortung übernehmen, eigene Entscheidungen treffen und aus ihren Fehlern lernen. Dabei fordert er professionelle MitarbeiterInnen auf, den Wünschen ihrer KlientInnen unvoreingenommen zu begegnen, ihnen die Wahl zu lassen, und stellt fest, dass Betroffene ihre eigenen Wünsche kennen und auch formulieren können. Er selbst schaffte dies mit Hilfe eines Patientenanwalts, der mit ihm seine Fragen schriftlich vorbereitete, weil er sie selbst im Gespräch nicht mehr formulieren konnte.

Um Menschen auf ihrem Recovery-Weg zu unterstützen, hat Coleman einen Recovery-Plan für Betroffene im Rahmen des C.O.P.S. Recovery-Programms (C = Choice / Wahlfreiheit, O = Ownership / Besitz, P = People / Menschen, S = Self / Selbst) entwickelt. Zunächst müssen Betroffene gemäß dieses Plans unterscheiden zwischen Zielen, die man selbst erreichen muss, und Zielen, die mit Unterstützung erreicht werden können. Als Voraussetzungen werden die Ehrlichkeit gegenüber sich selbst, die Übernahme von Verantwortung für sich selbst und die Verpflichtung gegenüber der eigenen Recovery genannt. Es wird dann mit der Frage nach der Bedeutung von Recovery für die einzelne Person begonnen, gefolgt von der Frage nach der eigenen Lebensgeschichte, eigenen Erfahrungen und Vorlieben. Im nächsten Punkt wird nach Psychiatrieerfahrungen, problematischen Situationen und Strategien zur Bewältigung gefragt. Schließlich geht es um Veränderungswünsche und um die Verpflichtung zur Dokumentation von Erfolgen. (Vgl. AMERING, M. / SCHMOLKE, M., 2010, S. 151 ff.; auch http://roncolemanvoices.co.uk/?page _id=41)

3.7.2 Wilma Boevink

Wilma Boevink stammt aus den Niederlanden, hat in Sozialwissenschaften promoviert und engagiert sich als Psychiatrie-Erfahrene aktiv in der Betroffenenbewe-

gung. Gegenwärtig arbeitet sie für das Trimbos-Institut, das psychiatrische Erkrankungen und Suchterkrankungen erforscht. (Vgl. http://www.trimbos.org/about-
trimbos)

Wilma Boevink machte mit Anfang 20 ihre erste psychotische Erfahrung, worauf-
hin sie drei Jahre in einem psychiatrischen Krankenhaus verbrachte. Bis heute, 20
Jahre nach der ersten Psychose, ist Frau Boevink eine „chronisch ambulante Pati-
entin". Eine Heilung durch einen Aufenthalt in einer psychiatrischen Klinik hält
Frau Boevink für unmöglich, denn dort werden nur Symptome behandelt. Aus ihrer
eigenen Erfahrung heraus berichtet sie, dass ein Sprechen über die Psychose und
deren Hintergrund in der Klinik nicht erwünscht war, da ein erneutes Auftauchen
psychotischer Symptome dadurch befürchtet wurde. Erst in den Jahren nach dem
Klinikaufenthalt konnte sie sich stabilisieren und ging davon aus, gesund zu sein.
Mit einer Krise in ihrem Leben wurde sie jedoch wieder psychotisch. Mit viel Mut
entschied sie sich, ihre Biografie näher anzuschauen, ihre Psychose zu benennen
und ihren Sinn zu erforschen. Dabei fand sie heraus, dass ihre psychotischen Erkrankungen als Reaktion auf die eigene Geschichte entstanden sind. (Vgl. BOE-
VINK, W., 2008, S. 30 ff.) „Sie sind eine Reaktion auf die unberechenbaren Ag-
gressionen, denen ich als Kind ausgesetzt war." (ebd., S. 33) Mit dem Verstehen
ihrer Geschichte und der Auseinandersetzung mit den psychotischen Symptomen
lernte Boevink die Auslöser zu erkennen, Zusammenhänge zu finden und Alarmsignale zu deuten und vor allem sich selbst zu verstehen. Boevink schreibt weiter:
„Mit Hoffnung und Ermutigung kam ich erst in Berührung, als ich selbst in die
Gänge kam. Als ich Menschen fand, die sich mit Traumata auskannten und ausreichend Mut besaßen, sich gemeinsam mit mir meinen Psychosen zu stellen. Hoffnung und Halt fand ich erst, als ich zusammen mit ihnen an meiner Recovery arbei-
tete." (ebd., S. 36)

Zur Stärkung der Position der Psychiatrie-Erfahrenen engagiert sich Wilma
Boevink in verschiedenen Betroffenenbewegungen mit unterschiedlichen Zielrichtungen. Zum einen werden dort Programme entwickelt, um professionelle MitarbeiterInnen zu schulen, zum anderen werden Kurse gegeben von Betroffenen und
für Betroffene, Diskussionsplattformen entwickelt und Selbsthilfegruppen ins Leben gerufen. Das verstärkte Engagement von Psychiatrie-Erfahrenen in diesem
Bereich hat zum Ziel, psychische Störungen besser zu verstehen, um darauf auf-
bauend eine passgenauere Versorgung entwickeln zu können.

Durch ihre Arbeit in der Betroffenenbewegung kann Boevink auf viele Erfahrungen in diesem Bereich zurückgreifen. Sie beklagt einen Mangel an aktiven Mitgliedern insgesamt und die geringen Einflussmöglichkeiten von Betroffenen bei
Versammlungen, da sie oft nur alibimäßig eingeladen würden. Des Weiteren be-

klagt sie den hohen bürokratischen Aufwand und das teilweise geringe Wissen von TeilnehmerInnen in Bezug auf die politische und geschichtliche Einbettung der Betroffenenbewegung. Außerdem prangert Wilma Boevink die voreingenommene Haltung von professionellen MitarbeiterInnen an, die meinen, ihre KlientInnen wären zu krank, um zu „recovern", da bestehe keine Hoffnung, und die davon ausgehen, dass Recovery nur einer Minderheit unter den Betroffenen vorbehalten sei. Vielen werden ihrer Meinung nach die erlcbten leidvollen Erfahrungen abgesprochen, wenn sie trotz schlechter Prognose den Recovery-Weg gehen. Die Diagnose „Schizophrenie" wird dann häufig im Nachhinein in Frage gestellt. Damit reduzieren professionelle MitarbeiterInnen gleichzeitig den Wert ihrer eigenen Arbeit. (Vgl. AMERING, M. / SCHMOLKE, M., 2010, S. 187 ff.)

Aus ihrer eigenen Erfahrung heraus hat Wilma Boevink Recovery-Elemente zusammengestellt, die sich darauf beziehen, dass die eigene Biografie aufgearbeitet werden muss, um sie neu zu schreiben und um eine neue Identität zu entwickeln. Betont wird außerdem das Recht auf die eigenen Erfahrungen. Des Weiteren muss angenommen werden, dass alles, was passiert ist, eine Bedeutung hat. Bewältigt werden muss nicht nur die Psychose an sich, sondern auch die Klinikerfahrungen, die gesellschaftliche Exklusion, Armut und Diskriminierung. Außerdem mahnt sie an, dass Psychiatrie-Erfahrene darum kämpfen müssen, sich institutioneller Gewohnheiten bewusst zu entledigen. Zusätzlich formuliert Boevink, was Recovery nicht bedeutet, nämlich, dass alles gut wird. Beeinträchtigungen können bleiben, man kann aber damit leben lernen. Recovery heißt auch nicht zwingend, dass es besser wird. Sich mit anderen zu vergleichen ist kontraproduktiv, viel wichtiger ist, wertzuschätzen, was bisher alles gelang. (Vgl. AMERING, M. / SCHMOLKE, M., 2010, S. 192 f.) Boevink fordert Psychiatrie-Erfahrene dazu auf, „sich weiterhin ihre Geschichten zu erzählen, durch die sie ihre Eigenheit und Identität wiederfinden können," (ebd., S. 193) um zum einen ihren Selbstwert zu steigern und zum anderen professionelle MitarbeiterInnen zu einem Mehr an Verstehen zu führen. (Vgl. ebd.)

4. Psychiatrisches Wohnheim

Zunächst werden nun die Entwicklungen in der Heimversorgung aufgezeigt, um dann die Bedingungen zu erläutern, die in einem psychiatrischen Wohnheim als gegeben betrachtet werden können. Im weiteren Verlauf dieser Arbeit sind mit professionellen MitarbeiterInnen vorwiegend SozialarbeiterInnen gemeint.

4.1 Entwicklungen in der Heimversorgung

Die Entwicklungen in der Sozialen Psychiatrie, die schon zu Beginn des Kapitels zum Recovery-Konzept erwähnt wurden, spielen im Bereich der psychiatrischen Heimversorgung ebenfalls eine Rolle. Mit den 1975 veröffentlichten Ergebnissen der Psychiatrie-Enquête wurde deutlich, dass Veränderungen im Bereich der Unterbringung von Menschen mit einer psychischen Erkrankung dringend notwendig waren. Viele tausende Menschen mit einer psychischen Erkrankung wurden aus Anstalten in Wohnheime verlegt. Die Heimversorgung hat im Anschluss an die Psychiatrie-Enquête die Versorgung von LangzeitpatientInnen und auch jungen chronisch erkrankten PatientInnen übernommen. Insgesamt veränderte sich die verwahrende Psychiatrie langsam hin zu einer offeneren. (Vgl. KONRAD, M. / SCHOCK, S. / JAEGER, J., 2006, S. 9 f.)

Der Schwerpunkt der betreuten Wohnformen lag in den 1970ern zunächst bei Wohnheimen und Übergangseinrichtungen. Erst Ende der 1970er kam es zu einer Verlagerung hin zu ambulanten Formen und einem differenzierteren Angebot an Wohnformen, die zum Ziel hatten, angemessene und kostengünstige Hilfeleistungen anzubieten. Durch die Psychiatrie-Enquête-Kommission wurde zwar eine bundesweit einheitliche Ausbreitung der verschiedenen Wohnformen empfohlen, um den Betroffenen über eine gemeindenahe Unterstützung den Anschluss an die Gesellschaft zu ermöglichen, in der Praxis fand die Umsetzung jedoch regional statt, beeinflusst u. a. durch das unterschiedliche Engagement örtlicher Initiativen. (Vgl. BRILL, K. ..E., 2002, S. 140)

In den frühen 1980ern wurden vorwiegend betreute Wohngemeinschaften favorisiert, gefolgt von der Entwicklung weiterer Hilfeformen. (Vgl. ebd., S. 140 f.) Ein gestuftes System an verschiedenen institutionellen Wohnformen wurde entwickelt und besteht gegenwärtig. Darunter: „Betreutes Einzelwohnen, Betreute Wohngemeinschaft, Familienpflege, (Außen-) Wohngruppen (als Teil eines Heims), Übergangseinrichtung, Wohnheim, Pflegeheim." (ebd., S. 144 f.) Mit dem Ausbau ambulanter Wohnformen und dem Ziel, die Eigenverantwortlichkeit der Betroffenen unter „normalen" Umständen in der Gemeinde zu stärken, hat sich auch der Heimbereich weiterentwickelt. Große Säle mit dreißig oder mehr Betten, wie sie zu Zeiten vor der Psychiatrie-Enquête üblich waren, gibt es glücklicherweise nicht mehr. Die Gestaltung des eigenen Wohnbereichs und Selbstversorgung mit Unterstützung sind zu Zielen geworden. In den letzten Jahren wurden dementsprechend Außenwohngruppen ausgebaut, die zwar vom stationären Wohnheim räumlich getrennt sind, jedoch rechtlich dazu gehören. Mit dem Wohnheimstatus der BewohnerInnen können betreuende MitarbeiterInnen als kontinuierliche Vertrauenspersonen erhalten bleiben, mehr Selbständigkeit gefördert und eine geringere Betreuungsintensität ermöglicht werden. (Vgl. ebd., S. 141 f.) Obwohl gegenwärtig vielfach davon ausgegangen wird, dass psychiatrische Wohnheime nicht mehr aktuell sind und von Einzelwohn- bzw. Kleingruppenwohn-Modellen abgelöst wurden, steigt die Zahl der Heimplätze. (Vgl. CLAUSEN, J. / EICHENBRENNER, I., 2010, S. 139)

4.1.1 Der Gemeindepsychiatrische Verbund

Eine zentrale Errungenschaft der Sozialen Psychiatrie ist die Idee des Gemeindepsychiatrischen Verbunds, „(□)ein vernetztes System aller verfügbaren professionellen Dienstleistungen in einem Stadtbezirk oder einer Region; wurde bislang institutionsbezogen gehandelt, indem z. B. nur 'geeignete□Klienten Zugang zu einem speziellen Hilfesystem, einer Wohnstätte, einer Zuverdienstfirma o. ä. hatten, während 'schwierige□Klienten in einem Heim oder einer Werkstatt für behinderte Menschen verbleiben mussten, sollen Hilfen jetzt personenzentriert gestaltet und in das regionale Verbundsystem eingebettet werden. Eine verbesserte Vernetzung und Kooperation sollte und soll sich dabei konsequent an den Bedürfnissen der Menschen mit Psychiatrieerfahrung orientieren." (ebd., S. 22)

4.1.2 Personenzentrierung / Individualisierung in der Heimversorgung

In den sozialpsychiatrischen Wohnheimen sind inzwischen Ressourcenorientierung, Autonomieförderung, Selbstbestimmung und Empowerment sehr wichtig geworden, um einer potentiellen Chronifizierung vorzubeugen. (Vgl. BAER, N., 2008, S. 27) In diesem Kontext stellt der personenzentrierte Ansatz (Vgl. AKTION

PSYCHISCH KRANKE, 2005) einen wichtigen Entwicklungsschritt dar. Er zielt darauf ab, dass Betroffene ihre Hilfen selbst auswählen können, Entscheidungen sollen dabei über Aushandlungsprozesse zwischen MitarbeiterInnen und Betroffenen getroffen werden (verhandeln statt behandeln). „Philosophisch gesehen, geht der personenzentrierte Ansatz vom autonomen Subjekt aus, das aufgrund der Folgen seiner Erkrankung einen Hilfebedarf zur Führung eines eigenständigen Lebens hat." (KONRAD, M. / SCHOCK, S. / JAEGER, J., 2006, S. 16) Der personenzentrierte Ansatz steht im Gegensatz zum institutionsorientierten Ansatz, der die Anpassung der KlientInnen an die Institution fordert. Unterstützende Angebote sollen dementsprechend nicht mehr in Form von Institutionen zur Verfügung stehen, sondern in Form von frei wählbaren Unterstützungsleistungen, die von den Betroffenen individuell zusammengestellt werden können. Problematisch dabei ist, dass Klientinnen zu KundInnen werden, die sich ihre Leistungen zwar selbst aussuchen können, dabei aber auch die Fähigkeiten mitbringen müssen, dies zu tun. Hier wird kritisiert, dass die Schwächsten unter den Betroffenen mit der Wahl ihrer Leistungen überfordert wären. (Vgl. KONRAD, M. / SCHOCK, S. / JAEGER, J., 2006, S. 9 ff.) Im Wohnheimrahmen geht es vielmehr darum, KlientInnen die Wahl zwischen verschiedenen Möglichkeiten innerhalb der vorhandenen äußeren Grenzen zu ermöglichen. (Vgl. ebd., S. 17 ff.) Dazu ist eine Betreuungskultur erforderlich, „die den psychisch kranken Menschen nicht versorgt, sondern ihn ungeachtet seiner Beeinträchtigungen als Persönlichkeit betrachtet." (ebd., S. 21)

Mit dem Ziel der Sozialen Psychiatrie, individueller auf die Bedürfnisse von Betroffenen einzugehen, hat sich auch die Hilfeplanung verändert. Es wurden dabei Fragen danach gestellt, wie Ressourcen gerecht verteilt werden müssen, um die unterschiedlichen Bedürfnisse einzelner Mitglieder der Gesellschaft befriedigen zu können. (Vgl. CLAUSEN, J. / EICHENBRENNER, I., 2010, S. 43) Die Einführung des Persönlichen Budgets, Hilfeplangespräche und die Erstellung eines individuellen Behandlungs- und Rehabilitationsplanes (IBRP) unter Beteiligung aller am Hilfeprozess beteiligten Parteien, inklusive der Betroffenen, stellen in diesem Zusammenhang einen Meilenstein in der individuellen Berücksichtigung der Bedürfnisse von KlientInnen dar. „Konkrete und überprüfbare Ziele werden oft im Rahmen des Hilfeplanverfahrens von allen Beteiligten formuliert: der Umfang der Hilfe (Zahl der Einsätze, Stunden, Hilfebedarfsgruppe) wird ausgehandelt." (ebd., S. 121) Das Maß an Begleitung und Unterstützung, das KlientInnen benötigen, stellt jedoch meistens keine konstante Größe dar und ist deshalb schwer kalkulierbar. (Vgl. HASELMANN, S., 2008, S. 92) Zur Feststellung des individuellen Hilfebedarfs werden dabei die Bereiche der Selbstversorgung, des Wohnens, der Tagesstrukturierung, der Kontaktgestaltung, der Beschäftigung, der Gesundheit, der

Pflege, der Behandlung und der Rehabilitation thematisiert und bewertet. (Vgl. CLAUSEN, J. / EICHENBRENNER, I., 2010, S. 42 ff.) Kritisiert wird, dass der wechselnde Hilfebedarf von Menschen mit einer psychischen Erkrankung nicht berücksichtigt wird, dieser wird stattdessen mit dem einer somatischen Erkrankung gleichgesetzt. (Vgl. ROESSLER, W. / LAUBER, C., 2004, S. 1 f.) Viele professionelle MitarbeiterInnen befürchten zudem im Zusammenhang mit Hilfeplangesprächen und Hilfeplanerstellung, dass die dafür benötigte Zeit zulasten der KlientInnen geht. (Vgl. BOSSHARD, M. / EBERT, U. / LAZARUS, H., 2010, S. 427)

4.2 Definition psychiatrisches Wohnheim

Ein psychiatrisches Wohn- und Pflegeheim wird laut Pschyrembel definiert als „zeitlich nicht begrenztes betreutes Wohnangebot für Menschen mit chronischen psychischen Störungen od. Intelligenzminderung; die Bewohner werden bei der Wiedergewinnung von Alltagsfertigkeiten u. sozialen Kompetenzen sowie von sozialen Kontakten unterstützt u. erhalten Hilfen bei Alltags- und Freizeitgestaltung." (MARGRAF, J. / MÜLLER .. SPAHN, F., 2009, S. 898) An dieser Stelle sei angemerkt, dass sowohl in der Zielrichtung als auch bei der Finanzierung durchaus ein Unterschied zwischen psychiatrischem Wohnheim und Pflegeheim besteht, worauf hier aber nicht näher eingegangen werden soll. Für den weiteren Verlauf dieser Arbeit spielt das psychiatrische Wohnheim, ggf. finanziert durch die Eingliederungshilfe nach SGB XII, und nicht das Pflegeheim eine Rolle. Prinzipiell werden ambulante und stationäre Wohnformen unterschieden. Im Anschluss soll jedoch ausschließlich das psychiatrische Wohnheim als stationäre Wohn- und Betreuungsform behandelt werden, das auf einen langfristigen Aufenthalt seiner BewohnerInnen ausgelegt ist. (Vgl. BOSSHARD, M. / EBERT, U. / LAZARUS, H., 2010, S. 471)

Wie zuvor erwähnt, kommen zum klassischen Wohnheim, in dem viele Personen zusammen leben, inzwischen vielerorts an das Heim angegliederte Außenwohngruppen hinzu, die häufig dezentral gelegen sind. Haben sich KlientInnen im Wohnheim stabilisieren können, erhalten sie dort die Möglichkeit selbständiger und mit weniger Betreuung zu leben. Das Ziel der psychiatrischen Arbeit in Wohnheimen, Ressourcen und Selbständigkeit der BewohnerInnen zu fördern, wird häufig durch dieses gestufte Betreuungsangebot fokussiert. (Vgl. MOOS, M. / WOLFERSDORF, M., 2007, S. 190 ff.) Die Nähe zur Gemeinde und eine gute Infrastruktur sind gegenwärtig ebenfalls Kriterien für Wohnheime, die erfüllt werden sollten. Trotzdem gibt es nach wie vor auch noch schlecht angebundene, abseits liegende Heime. (Vgl. BOSSHARD, M. / EBERT, U. / LAZARUS, H., 2010, S. 278 ff.)

4.3 Aufgabe von psychiatrischen Wohnheimen

In der Vergangenheit und auch aktuell finden Menschen, die an einer chronischen psychischen Erkrankung leiden, Unterstützung vor allem im Bereich der stationären Hilfen. In einer Gesellschaft, in der eine bestimmte Norm gilt und die Abweichung von der Norm Exklusion bedeutet, übernehmen psychiatrische Wohnheime die Aufgabe, Menschen mit einer psychischen Erkrankung einen Lebensort zu bieten, der ihnen in „normalen" Wohngegenden nicht ermöglicht wird. „Menschen also, die mit ihrer individuellen Lebensgestaltung die Integrationsfähigkeiten der übrigen Bewohner eines Mietshauses oder gar eines Stadtviertels überfordern. (□) Menschen, deren Fähigkeiten, Kenntnisse nicht, noch nicht oder nicht mehr ausreichen, eigenverantwortlich und mit geringen sozialen Konflikten einen Lebensraum zu gestalten. Menschen also, die sich in ihrer höchst eigenen Welt eingerichtet haben, zu der ich nur bedingt Zugang habe. Die sich von Geistern umgeben sehen, die sie hindern Lebensmittel einzukaufen, Menschen, die sich zur inneren Reinigung mit Unmengen an Wasser vergiften oder aus Vergiftungsängsten gar nichts mehr trinken, Menschen, die sich aus Angst vor sozialen Kontakten lieber umbringen, als den Nachbarn guten Tag zu sagen. (□) Menschen, die ihrer eigenen Einschätzung nach mit den Anforderungen einer technisierten und individualisierten, aber einsamen Normalität nicht zu Rande kommen und sich in einem Heim aufgehoben und geschützt fühlen." (BAYER, W., 2004, S. 8)

Gephart verweist auf eine unveröffentlichte Studie der medizinischen Hochschule Hannover, die an erster Stelle als Grund für die Heimunterbringung das Unvermögen sieht, einen eigenen Haushalt zu organisieren. „Sauberkeit, Ernährung, Körperpflege, Ordnung, Regelung der wichtigsten behördlichen Belange, Umgang mit Geld (□)" (GEPHART, W., 2003, S. 21) sind Gründe. An zweiter Stelle steht die Gefahr der Vereinsamung, die von Betroffenen häufig als Grund genannt wird. (Vgl. ebd., S. 21 f.)

Ein psychiatrisches Wohnheim ist ein Ort, an dem eine kontinuierliche Betreuung und eine Rundumversorgung gewährleistet werden kann. „Der Klient wohnt und isst im Heim, er hat Kontakte, geht in die Arbeitstherapie und verbringt die Freizeit mit den anderen Bewohnern. Er wird unterstützt bei der Körperpflege und den 'alltäglichen Verrichtungen□ Man kümmert sich um ihn, er ist versorgt." (CLAUSEN, J. / EICHENBRENNER, I., 2010, S. 139) Prinzipiell erhalten BewohnerInnen eine Grundversorgung, die Betreuung inklusive Kost und Logis bein-haltet. In manchen Wohnheimen werden zusätzlich Pflegeleistungen und eine ärzt-liche Versorgung angeboten.

Übergeordnete Aufgabe eines psychiatrischen Wohnheims ist, „(□) ein stabili-sierendes und Halt gebendes Milieu mit entwicklungsfördernden Impulsen zu ver-binden und zukunftsoffen zu gestalten." (BOSSHARD, M. / EBERT, U. / LAZA-RUS, H., 2010, S. 481) Dazu gehören „(□) eine konsequente Ressourcenorientie-rung, eine differenzierte Beschäftigung mit den biografischen Erfahrungen des Klienten sowie die Öffnung nach außen, z. B. durch die Schaffung von Arbeitsge-legenheiten in der Gemeinde oder die Nutzung dort vorhandener Freizeitmöglich-keiten." (ebd., S. 481 f.)

Begeben sich Menschen mit einer psychischen Erkrankung in ein psychiatri-sches Wohnheim, leben sie in einem Umfeld, das ihrer Krankheitssymptomatik tolerant gegenüber steht. Dabei müssen sie sich mit weniger Autonomie und Selbstbestimmung arrangieren und sich an die Regeln und Vorschriften der Institu-tion halten. (Vgl. BAYER, W., 2004, S. 9) Der Alltag in einem Wohnheim wird durch vorgegebene Abläufe strukturiert. „Das morgendliche Aufstehen, die Medi-kamentenvergabe, die häuslichen Dienste (Aufräumen, Putzen, Küchendienst), Beschäftigungs- und Arbeitstherapie, der Besuch der Werkstatt bestimmen den Tages- und Wochenrhythmus." (BOSSHARD, M. / EBERT, U. / LAZARUS, H., 2010, S. 479)

Im Wohnheim ist eine intensive Begleitung möglich, hier entsteht für die Be-troffenen ein Schonraum. Es geht darum, „(□) Lebensorte zu bilden, die zur Hei-mat werden können, Gemeinschaften zu ermöglichen, die unter professioneller Begleitung ein Nachholen von Erfahrungen verschiedener Lebensphasen möglich machen." (http://www.uni-siegen.de/zpe/veranstaltungen/fruehere/wirrinnrw/ rahmenkonzept_jansen_forum_3.pdf) Wohnheime sollten einen Ort der Geborgen-heit und Sicherheit darstellen und ihren BewohnerInnen Möglichkeiten eröffnen, Erfahrungen in einem geschützten Rahmen zu machen und Perspektiven zu entwi-ckeln. Besonders tagesstrukturierende Maßnahmen sind wichtig, um sich wieder im Leben zu Recht zu finden, wobei die individuellen Bedürfnisse der KlientInnen berücksichtigt werden sollten, sofern sie das Zusammenleben nicht erheblich be-einträchtigen. (Vgl. MOOS, M. / WOLFERSDORF, M., 2007, S. 190 ff.)

4.4 Psychosoziale Arbeit und Versorgungskulturen

Psychosoziale Arbeit, wie sie in psychiatrischen Einrichtungen u. a. von SozialarbeiterInnen geleistet wird, hat zum primären Ziel, „KlientInnen in ihrem Gesundungsprozess und in ihrem Bemühen um Problembewältigung (Krisen-, Konflikt-
lösung) zu unterstützen." (HASELMANN, S., 2008, S. 92) Psychosoziale Arbeit
bezieht sich immer sowohl auf die individuelle Lage als auch auf die sozialen Bedingungen von Betroffenen. Wichtige Stichworte in Bezug auf psychosoziale Arbeit in psychiatrischen Wohnheimen sind in diesem Kontext Alltagsbegleitung,
Beziehungsarbeit, Selbstversorgung, Tagesstruktur, Umgang mit der psychischen
Störung und Krisenintervention, alles unter der Prämisse der Achtsamkeit seitens
der SozialarbeiterIn. „Achtsamkeit beim ständigen Ausbalancieren von Über- und
Unterforderung heißt, Krisen erkennen und adäquat zu reagieren, heißt Aushalten,
Dabei sein, und oft auch in Ruhe lassen …jeweils zum richtigen Zeitpunkt."
(CLAUSEN, J. / EICHENBRENNER, I., 2010, S. 120)

Die **Alltagsbegleitung** zielt einerseits darauf ab, Kompetenzen im Alltag zu erweitern, damit KlientInnen selbständiger werden können. Andererseits geht es um
„( ) die Stabilisierung, das Wohlbefinden oder das Aufspüren von sozialen Ni-
schen." (ebd., 121)

Da KlientInnen in manchen Fällen auf Veränderungsdruck mit Krisensympto-
men reagieren, geht es für SozialarbeiterInnen darum, „( ) das richtige Maß zwischen Schutz und Aktivierung zu finden ( )," (ebd.) ohne zu über- oder zu unterfordern.

Beziehungsarbeit ist wohl der wichtigste Teil der psychosozialen Arbeit, wobei
das Verhältnis von Nähe und Distanz immer wieder neu austariert werden muss.
Um eine tragfähige und vertrauensvolle Beziehung zwischen KlientIn und SozialarbeiterIn aufbauen zu können, spielen Geduld, die Zeit insgesamt und genaues
Zuhören eine wichtige Rolle. SozialarbeiterInnen übernehmen in dieser Beziehung
verschiedene Rollen: „Sie ist interessierte Zuhörerin, Expertin, Fremde oder Ver-
traute und 'Ersatzspielerin für Nachbarn, Kollegen, Partnerinnen und Angehörige." (ebd., 122)

Unterstützung leisten SozialarbeiterInnen auch, indem gemeinsam mit den
KlientInnen Ressourcen identifiziert und gefördert werden. Hinzu kommt die Unterstützung dabei, soziale Kontakte aufrecht zu erhalten und neue zu knüpfen, wobei Situationen im Gespräch zusammen vorbereitet und nachbesprochen werden
können. Sowohl die gemeinsame Suche nach Möglichkeiten der Freizeitgestaltung
als auch die Suche nach Möglichkeiten zur Teilhabe am Arbeitsleben über Prakti-

ka, Beschäftigung in Werkstätten für behinderte Menschen und andere Tätigkeiten etc. gehören zum Aufgabenfeld.

Selbstversorgung wird auch im psychiatrischen Wohnheim anvisiert. Unterstützt wird u. a. in Ernährungsfragen, bei der Körperhygiene, bei der Zimmerpflege und bei administrativen Angelegenheiten. Im Vordergrund der psychosozialen Arbeit steht dabei die Anleitung und Motivation, nicht die komplette Übernahme von Tätigkeiten durch die SozialarbeiterInnen. Wie zuvor erwähnt, ist das Ziel, die Alltagkompetenzen zu erweitern, um selbständiger zu werden. Des Weiteren wird gemeinsam an einer sinnvollen **Tagesstruktur** gearbeitet. Regelmäßig werden Tages- / Wochenpläne gemeinsam erstellt unter der Berücksichtigung individueller Bedürfnisse und Vorlieben. Erfahrungen und Ängste in diesem Zusammenhang werden ebenfalls besprochen und reflektiert.

„Der Klient wird beim Aufbau eines adäquaten Rhythmus von Schlafen und Wachen, Entspannung und Aktivität, Reizaufnahme und Rückzug unterstützt." (ebd.)

Zum sozialarbeiterischen Arbeitsfeld zählt auch der **Umgang mit der psychischen Störung**. Dabei ist wiederum die Qualität der Beziehung zwischen SozialarbeiterIn und KlientIn ausschlaggebend, denn nur auf der Basis einer vertrauensvollen Beziehung wird der / die KlientIn dazu bereit sein, sich zu öffnen. Beim Umgang mit der Störung geht es um die Aufarbeitung der Biografie, die Auseinandersetzung mit der psychotischen Symptomatik und mit den möglichen Ursachen. Aufgabe der SozialarbeiterIn ist ebenfalls, KlientInnen zu ExpertInnen ihrer eigenen Erkrankung zu machen, indem ausreichend aktuelle Informationen zur Verfügung gestellt werden. Gemeinsam werden Frühwarnzeichen identifiziert und daraus Strategien zur Bewältigung erarbeitet. Für den Fall einer erneuten Krise können Vereinbarungen zwischen KlientIn und SozialarbeiterIn getroffen werden. Des Weiteren gehören die Sicherstellung der Medikation dazu und die Alltagsbegleitung bei der Reduktion / dem Absetzen von Medikamenten. **Krisenintervention** ist ebenfalls ein Teil der Arbeit im psychiatrischen Wohnheim. In Krisensituationen, in denen sich der / die KlientIn befindet, werden stützende Gespräche geführt, die die Aufgabe haben zu deeskalieren und Ängste zu reduzieren, damit KlientInnen wieder ihre innere Balance finden können. Dabei muss geklärt werden, ob eine Selbst- oder Fremdgefährdung vorliegt und ob ggfs. eine Einweisung in die psychiatrische Klinik notwendig wird. (Vgl. ebd., S. 120 ff.)

Versorgungskulturen

Im Kontext der professionellen psychosozialen Arbeit werden vier verschiedene Versorgungskulturen unterschieden, die je nach Konzeption, MitarbeiterIn und

KlientIn einer psychiatrischen Einrichtung unterschiedlich gewichtet und prakti-
ziert werden. Unterschieden werden die Fürsorgekultur, die Behandlungskultur, die
pädagogische Kultur und die Empowerment-Kultur.

Die **Fürsorgekultur** hat zwei gegensätzliche Anteile. Einerseits bedeutet es, Betroffene wohlwollend zu unterstützen, andererseits aber auch zu bevormunden und
selbstbestimmtes Handeln von KlientInnen einzuschränken. Bei dieser Kultur geht
es vorrangig um den Einfluss professioneller MitarbeiterInnen auf verschiedene
Lebensbereiche der KlientInnen, bspw. Tagesstruktur, Arbeit und Wohnen. Ziel ist
eine Anpassung an „Normalität". Die Beziehung zwischen MitarbeiterInnen und
KlientInnen ist eine hierarchische und keine partnerschaftliche.

Zentral bei der **Behandlungskultur** ist die medizinische und / oder psychotherapeutische Behandlung, jeweils abhängig davon, ob von einem biomedizinischen
oder psychologischen Erklärungsmodell ausgegangen wird. Ziel in beiden Fällen
ist die Heilung von der Erkrankung. Die Beziehung ist auch hier eine hierarchische
und ist geprägt von einem Machtgefälle. Zusätzliche Psychotherapie bietet dabei
die Möglichkeit zur Aufarbeitung der eigenen Geschichte.

Im Rahmen der **pädagogischen Kultur** werden Ziele mit pädagogischen Methoden verfolgt und beinhalten die Forderung nach Anpassung an die institutionellen Rahmenbedingungen. KlientInnen werden als lernfähig betrachtet und können
selbst Verantwortung übernehmen. Eine partnerschaftliche Beziehung zwischen
KlientInnen und MitarbeiterInnen wird hier ebenfalls nicht angestrebt.

Die **Empowerment-Kultur** hat zum Ziel, hierarchische Strukturen zwischen
KlientInnen und MitarbeiterInnen aufzulösen und die Entwicklung hin zu einem
partnerschaftlichen Verhältnis anzustreben. Über Ressourcenorientierung statt De-
fizitorientierung und über eine wertschätzende Haltung wird selbstbestimmtes Handeln und die Selbstbefähigung der KlientInnen gefördert. (Vgl. HASELMANN;
S. 2008, S. 95 f.)

4.5 BewohnerInnen von psychiatrischen Wohnheimen

Bisher wurde dargestellt, was psychiatrische Wohnheime sind und was die psychosoziale Arbeit dort beinhaltet. Im Anschluss soll nun geklärt werden, wer die
KlientInnen, die in psychiatrischen Wohnheimen leben, sind und in welcher Lage
sie sich befinden.

Diese Arbeit befasst sich im Speziellen mit Menschen, die an einer chronischen
schizophrenen Störung erkrankt sind, weshalb die spezifischen Charakteristika der

verschiedenen Gruppen vorgestellt werden. Zunächst soll jedoch kurz betrachtet werden, wann von einer vermeintlich chronischen Erkrankung gesprochen wird.

4.5.1 Merkmal chronischer Krankheit

Menschen mit einer psychischen Erkrankung, die über einen längeren Zeitraum in psychiatrischen Einrichtungen betreut werden oder in kürzeren Abständen immer wieder aufgenommen werden, gelten häufig als chronisch krank. Im Wort Chronizität steckt das griechische „chronos", die Zeit. Bei Erkrankungen spielt die Dauer einer Störung eine große Rolle. Wenn von Chronizität gesprochen wird, ist in der Regel eine sich langsam entwickelnde, langsam verlaufende und andauernde / immer wiederkehrende Störung gemeint. Einerseits können sich dabei alle betroffenen Personen, auch das Umfeld, auf die Erkrankung einstellen und Möglichkeiten im Umgang damit erarbeiten, andererseits besteht aber auch die Gefahr, anhaltende Störungen zu entwickeln, die permanente Beeinträchtigungen zur Folge haben können. Mit chronischen Erkrankungen wird häufig Unheilbarkeit verbunden. (Vgl. AMERING, M. / SCHMOLKE, M., 2010, S. 15)

4.5.2 Unterschiedliche BewohnerInnen in einem psychiatrischen Wohnheim

Nach einer Unterscheidung von Bosshard et al. (Vgl. BOSSHARD, M. / EBERT, U. / LAZARUS, H., 2010, S. 472 f.) sind zunächst die LangzeitklientInnen zu nennen, die viele Jahre in psychiatrischen Institutionen verbracht haben und das Wohnheim als ihr Zuhause betrachten, das ihnen kontinuierliche Betreuung, Schutz und Entlastung bietet. Autonomes Handeln und eine individuelle Entfaltung der Persönlichkeit sind in den Hintergrund gerückt. „Da sie gelernt haben, sich mit den institutionellen Abläufen zu arrangieren, können sich einige ein anderes, nicht fremdbestimmtes Leben manchmal noch nicht einmal mehr vorstellen." (ebd., S. 472)

Zur zweiten Gruppe gehören die New Chronics. Hier sind junge Erwachsene gemeint, die viele problematische Merkmale aufweisen. Häufig wurde die Schul- oder Berufsausbildung frühzeitig abgebrochen, soziale Kompetenzen und alltagspraktische Fähigkeiten sind schwach entwickelt, Gewalt- und Drogenkarrieren prägen die Entwicklungsgeschichte. Den Betroffenen aus dieser Gruppe fällt es schwer, sich an Regeln zu halten, verlässliche Beziehungen aufzubauen und mit Frustration umzugehen. Der Mangel an ausreichenden Lernerfahrungen in der Vergangenheit und die Einschränkungen durch die Krankheit stehen häufig im Gegensatz zum Wunsch nach einem autonomen Leben. Der Wohnheimalltag ist in vielen Fällen bestimmt durch das Umgehen von Regeln, durch einerseits Rebellion und andererseits Regression. Hingewiesen wird darauf, dass der Aufenthalt in einem Wohnheim diesen KlientInnen eine selbständigere Gestaltung ihres Lebens kaum ermöglichen kann und eher Chronifizierung bedeutet. (Vgl. ebd., S. 472 f.)

Zur dritten Gruppe gehören die SystemsprengerInnen, „(☐) die in erster Linie durch ungewöhnliches Verhalten auffallen. Sie lösen Irritationen, Verunsicherung und störende, beunruhigende Reize aus." (SCHULZE STEINMANN, L. / HEIMLER, J., 2003, S. 113) Die Anpassung an die institutionellen Rahmenbedingungen fällt dieser Gruppe besonders schwer und trotz eines eigentlich hohen Hilfebedarfs entziehen sich Betroffene häufig den Anforderungen in psychiatrischen Institutionen, indem sie die Hausordnung und die Regeln des Zusammenlebens in einer Weise missachten, die das System als Ganzes ins Wanken zu bringen droht.

Zur letzten Gruppe gehören die vorübergehenden NutzerInnen. Diese eher kleine Gruppe besteht aus KlientInnen, die auf dem Weg in die Selbständigkeit Zwischenstation im Wohnheim einlegen, um mehr Stabilität zu erlangen. In den meisten Fällen ist ein breites Spektrum an Alltagsfertigkeiten vorhanden und die notwendige Unterstützung bezieht sich nur auf einen bestimmten Bereich.

Was alle diese BewohnerInnen gemeinsam haben, ist ihre Armut. Ihre finanzielle Lage ist schlecht. Die Mehrzahl der KlientInnen von Wohnheimen erhält Sozialhilfe. Die Heranziehung einer potentiell vorhandenen Rente, eines Einkommens und eines Vermögens führen zu einer zwangsläufigen Verarmung der KlientInnen, die anschließend im Wohnheim nur noch ein Taschengeld in Höhe eines Barbetrags erhalten.

Zuverdienste werden ab einem bestimmten Betrag auf die Betreuungskosten angerechnet. Die Mehrzahl der KlientInnen ist über längere Zeit oder sogar dauerhaft eingeschränkt in ihrer Arbeitsfähigkeit. Die Wahrscheinlichkeit, wieder einen Arbeitsplatz auf dem ersten Arbeitsmarkt zu finden, ist gering. Beschäftigungslosigkeit kann eine fehlende Tagesstrukturierung zur Folge haben. Hinzu kommt häufig ein Mangel an sozialen Beziehungen außerhalb der psychiatrischen Welt. (Vgl. BOSSHARD, M. / EBERT, U. / LAZARUS, H., 2010, S. 472)

4.5.3 Chronisches Krankheitsverhalten

Bei Menschen mit einer psychischen Erkrankung, die als chronisch krank gelten, findet man laut Franke häufig Verhaltensweisen, die sich in einer eingeschränkten Fähigkeit zur Selbsthilfe, einer insgesamt passiven Haltung und der Vorstellung, Veränderungen kämen von außen, zeigen. Hinzu kommen nicht realisierbare Ziele, eine mangelnde Übernahme an Eigenverantwortung, ein Bestehen auf der Rolle als Kranke / Kranker, geringe soziale Kontakte und ein starkes Vermeidungsverhalten. (Vgl. FRANKE, A., 2010, S. 254.) Veränderungen im Verhalten und damit einhergehend eine verstärkte Negativsymptomatik können auch Reaktion auf die Situation und die sozialen Bedingungen sein. KlientInnen schützen sich vor Enttäuschungen, vor Schmerz und vor mangelnden Ergebnissen, indem sie sich auf der Suche nach ihrem inneren Gleichgewicht von Menschen zurückziehen und abwenden. Wird diese passive Haltung über einen längeren Zeitraum aufrecht erhalten, können weitere unerwünschte Veränderungen folgen. (Vgl. BOSSHARD, M. / EBERT, U. / LAZARUS, H.:, 2010, S. 185 f.) „Soziale und kommunikative Fähigkeiten werden verlernt, und es werden keine positiven Erfahrungen mehr gemacht, die eine Motivation sein könnten, Kontakte aufzunehmen und zu pflegen. Zusätzlich können Medikamente den Antrieb und das Gefühlserleben beeinträchtigen." (ebd., S. 186) Soziale Kontakte bestehen meist nur noch im institutionellen Rahmen, sei es zu anderen KlientInnen oder MitarbeiterInnen. Damit gerät die Individualität und Biografie der Betroffenen langsam in Vergessenheit. Institutionalisierung ist die Folge: „So kann der Einzelne schließlich zu einem geschichtslosen, anonymen Wesen werden, das lediglich versorgt werden muss. Wird aber die Fassade der Anonymität hinterfragt, zeigen sich individuelle Bedürfnisse, Wünsche, Fähigkeiten und Lebensziele." (ebd., S. 194)

4.6 Bedürfnisse von KlientInnen □Ergebnisse einer Studie im Raum Basel

In einer qualitativen Studie, die in der Region Basel zwischen 2000 und 2002 durchgeführt wurde, wurden sowohl Menschen mit schweren psychischen Erkrankungen als auch Angehörige in 84 offenen Interviews befragt. Ziel war es, festzustellen, was KlientInnen, die in psychiatrischen Wohnheimen leben, als hilfreich betrachten, um ihre Bedürfnisse ausreichend befriedigen zu können, um die Lebensqualität zu steigern und um Perspektiven entwickeln zu können.

Entgegen der Annahme, eine eigene Wohnung, eine Arbeitsstelle, eine Partnerschaft oder üppige finanzielle Mittel wären ausschlaggebend für die Steigerung subjektiven Wohlbefindens, wurden andere Dimensionen des Erlebens aus Klient-Innensicht vorrangig genannt. Die Gefühlsdimension, die durch und durch subjektiv ist, spielte eine außerordentlich wichtige Rolle. Auf emotionaler Ebene nannten Betroffene zunächst krankheitsbezogene Aspekte, darunter „(☐) das Leiden, die Machtlosigkeit gegenüber den Symptomen und die existentielle Erschütterung des Selbst- und Weltverständnisses," (BAER, N., 2008, S. 27) die einen wesentlichen Einfluss auf ihre Lebensqualität nehmen. Von professioneller Seite aus, um hilfreich agieren zu können, wird dabei ein Verständnis für die Auswirkungen der Erkrankung als notwendig erachtet, jedoch gibt es kaum Raum, um vom Leiden zu erzählen. Dabei ist für den Heilungsprozess gerade wichtig, „verstanden und ernst genommen" (ebd., S. 28) zu werden. Belastende Erlebnisse können nur so verarbeitet und „in das eigene Selbstbild" (ebd.) integriert werden.

Eine professionelle Haltung wurde dann als hilfreich empfunden, wenn ein echter emotionaler Kontakt zugelassen wird, wenn das Gegenüber ernst genommen wird, wenn einander mit Interesse, Wertschätzung und Verständnis begegnet, geduldig und vertrauensvoll agiert wird. Laut der Untersuchung erlebten jedoch die wenigsten der Befragten diese professionelle Haltung. Im Prinzip wurden von den TeilnehmerInnen Empowerment-Merkmale genannt, die dazu führen, dass sich KlientInnen trotz ihrer Erkrankung „kompetent, nützlich und zugehörig fühlen" (ebd.), mehr Selbstvertrauen und ein größeres Selbstwertgefühl entwickeln können und dadurch schließlich die Motivation und der Wunsch nach Veränderungen entsteht.

Des Weiteren wurde festgestellt, dass kaum eine / einer der befragten KlientInnen einen „normalen" Arbeitsplatz hat und über soziale Kontakte außerhalb des Wohnheims verfügt. Die meisten wohnen nicht selbständig, sind körperlich nicht aktiv und haben keine Freizeitvorlieben. Im Gegensatz zu dieser desintegrierten Situation stehen die Bedürfnisse der Betroffenen, die den Wunsch nach einem „normalen" Arbeitsplatz, nach einer eigenen Wohnung, einer Partnerschaft und „Normalität" insgesamt beinhalten. Zudem hat die empirische Untersuchung ergeben, dass auch wenn Möglichkeiten, sowohl strukturell als auch individuell, zur Umsetzung dieser Wünsche vorhanden waren, diese Möglichkeiten häufig nicht wahrgenommen wurden. Warum? Die befragten professionellen MitarbeiterInnen gaben als Grund dafür an, dass ihre KlientInnen nicht wollen, was reichlich paradox klingt. „Die KlientInnen leben desintegriert, sie wären gerne integriert, sie könnten integriert leben, und doch wollen sie nicht." (ebd., S. 28 f.)

Unterschiedlichste Ängste von verschiedenen Seiten werden dafür als Gründe genannt. Wenn KlientInnen in ein psychiatrisches Wohnheim einziehen, sind es häufig die MitarbeiterInnen, die zunächst Stabilität im Vordergrund sehen, bevor der nächste Schritt angestrebt wird. Als Folge von Institutionalisierung wagen die KlientInnen später diesen Schritt nicht mehr. Die Angst, selbständig zu leben, möglicherweise die Einrichtung zu verlassen, ist groß. Es wird vermutet, dass eine „negative Dynamik" zwischen KlientInnen und MitarbeiterInnen entsteht, die wenig Zuversicht vermittelt. „Zuerst traut man ihnen wenig zu, und mit der Zeit trauen sie sich selbst nichts mehr zu." (ebd., S. 28 f.) Die Verantwortung für den Willen zur Selbständigkeit liegt also nicht nur bei den KlientInnen, sondern auch bei den MitarbeiterInnen.

In einer Folgestudie wurden BewohnerInnen in psychiatrischen Wohnheimen nach ihrer Zufriedenheit und ihrem Willen zur Veränderung befragt. Ergebnis war, dass bei einem Aufenthalt bis zu einem Jahr sowohl der Anteil der Zufriedenen als auch derjenigen, die Veränderungswillen zeigen, steigt. Danach sinkt vor allem die Zahl der Veränderungswilligen, bei einem Aufenthalt von über zehn Jahren geht deren Anzahl gegen Null, wobei eine hohe Zufriedenheit bei 90% der LangzeitbewohnerInnen festgestellt wurde. Hypothesen, die daraus abgeleitet wurden, lauteten wie folgt: „Entweder die Bewohner werden wirklich immer zufriedener (das wäre wirklich denkbar) oder sie entwickeln eine Art resignative Zufriedenheit und 'chronifizieren.'" (ebd.) MitarbeiterInnen im Heim gehen eher von letzterem aus, was deutlich macht, dass vor allem in den ersten 12 Monaten bei vielen BewohnerInnen Schritte in Richtung Selbständigkeit gemacht werden sollten.

29 befragte WohnheimleiterInnen nannten in absteigender Reihenfolge als wichtig: „Geborgenheit, Sicherheit, warmes Institutionsklima, Stabilisierung, Beziehung, Ressourcenorientierung und Autonomieförderung" (ebd., S. 29). Interessant dabei war, dass „die professionelle Haltung und die Krankheitsverarbeitung" (ebd.) von den meisten Befragten als wenig wichtig erachtet wurden. Hier wird die Diskrepanz deutlich zwischen dem, was Betroffene sich wünschen, und dem, was MitarbeiterInnen als bedeutsam einordnen. Es gilt also gemeinschaftlich einen Mittelweg zwischen Krankheitsintegration und der Würdigung der Tapferkeit der Klientinnen und Ressourcenförderung zu finden. (Vgl. ebd., S. 27 ff.)

5. Rechtliche Grundlagen

Im Anschluss folgen die rechtlichen Grundlagen, sofern sie für die Fragestellung dieser Arbeit nach der Anwendbarkeit des Recovery-Konzepts im psychiatrischen Wohnheim relevant sind.

5.1 Grundgesetz der Bundesrepublik Deutschland (GG)

Die Achtung der menschlichen Würde jedes Einzelnen ist oberstes Gebot in Deutschland, somit auch im psychiatrischen Wohnheim, und in Art. 1 GG mit dem Satz „Die Würde des Menschen ist unantastbar" festgelegt. Im psychiatrischen Bereich muss die menschliche Würde „(□) gerade in Momenten der veränderten Wahrnehmung, der Aggression, der Selbstverletzung, der Angst und Verzweiflung, der Schutz- und Pflegebedürftigkeit (□)" (BRILL, K. ..E., 2002, S. 137 f.) im Besonderen geachtet werden. Des Weiteren sind im Grundgesetz die gleichen Rechte für jeden Einzelnen und der Schutz vor Benachteiligung verankert, (Vgl. Art. 3 GG) unabhängig von „(□) Gesundheit oder Krankheit, Behinderung oder Pflegebedürftigkeit." (CLAUSEN, J. / EICHENBRENNER, I., 2010, S. 49) Hinzu kommt das in Art. 2 GG verankerte Recht auf körperliche Unversehrtheit und das Recht auf eine freie Entfaltung der Persönlichkeit. Zu beachten in der psychiatrischen Arbeit ist, „(□) dass jeder Patient im Sinne der freien Selbstbestimmung ein Recht auf Aufklärung und Zustimmung zu den Maßnahmen besitzt, die ihm vorgeschlagen werden." (ebd., S. 50) Die Entscheidung obliegt also den KlientInnen, es sei denn, es liegt eine Selbst- oder Fremdgefährdung vor. Auch dann kann die Freiheit eines Menschen nur auf der Basis eines Gesetzes und einer richterlichen Entscheidung eingeschränkt werden. (Vgl. ebd., S. 50 f.) „Oft wird man gleichzeitig auf den Schutz der Selbstbestimmungs- und Persönlichkeitsrechte des psychisch erkrankten Menschen achten, aber auch einen Teil der Verantwortung für einen Menschen übernehmen müssen, der sich oder andere in Gefahr bringt." (ebd., S. 51)

Um das Recht auf Selbstbestimmung auch in Krisenzeiten zu wahren und die Wünsche von Psychiatrie-Erfahrenen zu achten, sind die Patientenverfügung, Behandlungsvereinbarungen, der Krisenpass, die Betreuungsverfügung und die Vorsorgevollmacht wichtige Instrumente geworden. (Vgl. BOSSHARD, M. / EBERT, U. / LAZARUS, H.:, 2010, S. 154 f.)

Die Patientenverfügung ist eine „(□) einseitige Willensbekundung eines Menschen, wie er im Krankheitsfall behandelt werden möchte." (KNUF, A., 2006, S. 48) Behandlungsvereinbarungen ermöglichen eine Übereinkunft zwischen Betroffenen und BetreuerInnen und / oder Behandelnden darüber, wie im Krisenfall gehandelt werden soll. Der Krisenpass ist eine „(□) einseitige Willensbekundung eines Menschen, wie er im Krisenfall behandelt werden möchte." (ebd., S. 49) Diesen trägt der Betroffene bei sich. Mit einer Betreuungsverfügung wird schriftlich festgelegt, wer, falls notwendig, eine gesetzliche Betreuung übernehmen soll. Eine Vorsorgevollmacht ist eine „(□) schriftliche Willensbekundung, wer im Krisenfall bestimmte Vollmachten übernehmen soll," (ebd.) um eine gesetzliche Betreuung zu vermeiden, die zwar nicht mehr entmündigt, aber doch einen Eingriff in die Persönlichkeitsrechte darstellt. (Vgl. ebd., S. 48 f.)

5.2 UN-Konvention zu den Rechten behinderter Menschen

2008 wurde in Deutschland das Gesetz zum Inkrafttreten der UN-Konvention zu den Rechten behinderter Menschen verabschiedet, mit dem Ziel, Menschen mit Behinderungen eine gleichberechtigte Teilhabe zu ermöglichen auf der Basis der Achtung ihrer Würde, ihrer Autonomie und der Freiheit, selbst zu entscheiden. Genannt werden dabei u. a. die Wahrung von Chancengleichheit, Nichtdiskriminierung und die Einbeziehung in die Gesellschaft (vgl. Art.1 und Art.3). Alle Mitgliedstaaten verpflichten sich dazu des Weiteren, diese Grundsätze gesetzlich und politisch durchzusetzen und ggfs. Änderungen in ihren Staaten vorzunehmen (vgl. Art. 4). (Vgl. http://www.bmas.de/SharedDocs/Downloads/DE/uebereinkommen-ueber-die-rechte-behinderter-menschen.pdf?__blob=publicationFile=)

5.3 Das Sozialgesetzbuch (SGB)

Das Sozialsystem in Deutschland ist stark aufgegliedert. Dabei werden die rechtlichen Grundlagen in verschiedenen Sozialgesetzbüchern (I-XII) festgehalten. Die Ausgestaltung von Sozialleistungen und die Leistungsvoraussetzungen sind in den jeweils eigenen SGBs aufgeführt.

Für den Bereich der Rehabilitation von Menschen mit einer psychischen Erkrankung sind die sozialrechtlichen Prinzipien, die für die Rehabilitation und Teilhabe von Menschen mit einer Behinderung von Bedeutung sind, im SGB IX aufgelistet.

Im SGB IX liegt der Fokus auf der Selbstbestimmung und Teilhabe am Leben in der Gemeinschaft von behinderten Menschen bzw. von Behinderung bedrohter Menschen. (Vgl. §1 SGB IX)

Das Wunsch- und Wahlrecht der Betroffenen ist in diesem Buch ebenfalls verankert. (Vgl. §9 SGB IX)

Insgesamt werden vier Leistungsgruppen in Bezug auf Rehabilitation und Teilhabe gemäß §5 SGB IX unterschieden, darunter Leistungen zur medizinischen Rehabilitation, Leistungen zur Teilhabe am Arbeitsleben, hinzu kommen unterhaltssichernde und andere ergänzende Leistungen und zuletzt Leistungen zur Teilhabe am Leben in der Gemeinschaft. Dabei sind jeweils unterschiedliche Rehabilitationsträger für die jeweiligen Leistungen zuständig. Zugrunde liegen unterschiedliche Leistungsvoraussetzungen. Leistungsträger können die gesetzlichen Krankenkassen (SGB V), die gesetzliche Rentenversicherung (SGB VI), die Bundesagentur für Arbeit (SGB II, SGB III) u. a. sein. Nachrangig ist der Sozialhilfeträger (SGB XII) zuständig. (Vgl. §6 SGB IX) Bei der Übernahme von Leistungen spielt dabei die medizinisch begründete Rehabilitationsprognose eine Rolle, die die Erfolgsaussichten einer Maßnahme abschätzt. (Vgl. IRLE, H., 2007, S. 67) Bei Leistungen zur medizinischen Rehabilitation und bei Leistungen zur Teilhabe am Arbeitsleben, die überwiegend von Krankenkasse und Rentenversicherung übernommen werden, spielt bei der Leistungsübernahme die Wahrscheinlichkeit einer erfolgreichen Verbesserung der Erwerbstätigkeit und die Teilhabe am Arbeitsleben eine Rolle. (Vgl. BRIEGER, P. et. al., 2007, S. 7) Maßnahmekosten mit diesen Zielen werden nur für einen befristeten Zeitraum vom Leistungsträger übernommen. Menschen mit einer chronischen psychischen Erkrankung, um die es in dieser Arbeit geht, erhalten häufig Leistungen zur Teilhabe in der Gemeinschaft, (Vgl. §§55 ff. SGB IX) die von der Eingliederungshilfe (Vgl. §§53 ff. SGB IX) im Rahmen von Sozialhilfe (SGB XII) übernommen werden. (Vgl. CLAUSEN, J. / EICHENBRENNER, I., 2010, S. 55) „Die häufigste Maßnahme der Teilhabe am Leben in der Gemeinschaft ist das Betreute Wohnen, allein, zu zweit, in der Wohngemeinschaft, im Wohnheim oder in einer Gastfamilie." (ebd., S. 55) Hier sind betreute Wohnformen im Allgemeinen gemeint, nicht nur ambulante Formen.

5.3.1 SGB XII

Sozialhilfe (SBG XII) ist eine „absolut nachrangige und einkommens- bzw. vermögensabhängige Hilfeform (☐)." (ebd., S. 53) Sie setzt da ein, wo Renten- und Krankenversicherungen für eine länger andauernde Erkrankung oder gar eine Behinderung nicht mehr zuständig sind. Besteht nur noch ein sehr geringes Einkommen oder Vermögen, setzt die Eingliederungshilfe ein. (Vgl. ebd.)

5.3.2 Eingliederungshilfe

„Solange Heime im Rahmen der Eingliederungshilfe finanziert werden, haben sie einen Rehabilitationsauftrag." (ebd., S. 140) Wohnheime im Bereich der Eingliederungshilfe haben insbesondere zum Ziel, „(□) die Selbstbestimmung und gleichberechtigte Teilhabe am Leben in der Gemeinschaft zu fördern, Benachteiligungen zu vermeiden oder ihnen entgegenzuwirken." ($1 SGB IX) Hilfen der Eingliederungshilfe beziehen sich dabei im Allgemeinen auf die Bereiche Wohnen, Arbeit und Freizeit. Verfügen Betroffene nicht über eine Rente oder ein Vermögen, das sie gemäß $90 SGB XII einsetzen müssen, werden die Kosten für den stationären Aufenthalt vom Sozialhilfeträger übernommen. Den Betroffenen bleibt in diesem Fall ein Barbetrag. (Vgl. §35 SGB XII) Im Rahmen der Eingliederungshilfe erhält die Einrichtung vom zuständigen Sozialhilfeträger eine Maßnahmepauschale, die aufgrund einer Einstufung der Hilfebedürftigkeit in Hilfebedarfsgruppen (I-V) je KlientIn individuell festgelegt wird. (Vgl. §75, Abs. 3 SGB XII) In Baden-Württemberg wird die Maßnahmepauschale teilweise auf der Basis des Metzler-Verfahrens (Vgl. http://www.gbm.info/files/pdf/2004brandenburg/2004-05-14-metzler. pdf) bestimmt. Zunächst wird ein Aktivitätsprofil der BewohnerInnen erstellt, in dem festgestellt wird, welche Ressourcen und Schwierigkeiten vorhanden sind. Abgefragt werden die Bereiche der alltäglichen Lebensführung, der individuellen Basisversorgung, der Gestaltung sozialer Beziehungen, der Teilnahme am kulturellen und gesellschaftlichen Leben, der Kommunikation und Orientierung, der emotionalen und psychischen Entwicklung und der Gesundheitsförderung und -erhaltung. (Vgl. http://www.fassis.net/images/Pdf/hmb-auswertung.pdf) Daraus resultierend wird der Hilfebedarf bestimmt und die Einstufung in eine Hilfebedarfsgruppe vorgenommen. Verschiedene Maßnahmepauschalen je BewohnerIn, die die Einrichtung vom Kostenträger erhalten, sind die Folge. Hat der / die BewohnerIn einen geringeren Hilfebedarf, erhält die Einrichtungen eine geringere Maßnahmepauschale, ist der Hilfebedarf hoch, steigt die Maßnahmepauschale.

6. Chancen und Grenzen der Anwendbarkeit des Recovery-Konzepts für Menschen mit einer ~~chronischen~~ schizophrenen Erkrankung im psychiatrischen Wohnheim

Wesentliche Bestandteile des Recovery-Konzepts, die oben erläutert wurden, sind Resilienz, die erlernt werden kann (vgl. 3.5.2), und Empowerment, das zu mehr Partizipation und schließlich Inklusion führt (vgl. 3.5.3). All jenes basierend auf einem Verständnis von Gesundheit, die neben Krankheit existieren kann, wie es mit dem Begriff des Kontinuums von Gesundheit beschrieben wird (vgl. 3.5.1) und was unter dem Begriff der Gesundheitsförderung zusammengefasst ist (vgl. 3.5.4).

Es wurde auch herausgestellt, dass „Selbstbestimmung und Wahlfreiheit im Hinblick auf Behandlungsangebote, Orientierung an individuellen Lebenszielen und Ressourcen wie Hoffnung, Gesundheits- und Resilienzförderung (..) wesentliche Kriterien recovery-orientierter Praxis" (AMERING, A. / BOTTLENDER, R., 2009, S. 5) sind. Viele Konzeptionen psychiatrischer Wohnheime (Vgl. http://www.quellpunkt-christiani.de/Konzeptionelles.htm#KonzeptionellesStart) berufen sich inzwischen auf ganzheitliche, ressourcenorientierte, personenzentrierte Ansätze, die dementsprechend Chancen für Recovery beinhalten. Jedoch sind in psychiatrischen Wohnheimen neben Chancen auch Grenzen für das Recovery-Konzept auszumachen, die deutlicher nicht sein könnten.

6.1 Gesellschaftliche Bedingungen

Wie zuvor im Kapitel zur Stigmatisierung dargelegt wurde, sind Menschen mit einer schizophrenen Erkrankung vielfältigen Vorurteilen und Benachteiligungen in der Gesellschaft ausgesetzt, die das Stigma von Schizophrenie zur „zweiten Krankheit" werden lassen. Die Stigmatisierung stellt eine entscheidende Grenze für Recovery dar, denn mit Stigmatisierung und Diskriminierung werden Gesundungsprozesse behindert. (Vgl. KNUF, A., 2006, S. 65)

Auf Unwissenheit beruhende Vorurteile in der Bevölkerung gegenüber Menschen, die an Schizophrenie erkrankt sind, führen zu einer ablehnenden Haltung, die Benachteiligungen zur Folge haben. Diese erlebte Ablehnung durch die Allgemeinbevölkerung bewirkt, dass sich Betroffene teilweise selbst stigmatisieren, nicht mehr an sich selbst glauben, sich in sich zurückziehen und den Kontakt nach außen vermeiden. Dies umso eher, je stärker sie vor ihrer Erkrankung die gleichen Vorurteile internalisiert hatten und nun somit zum Opfer ihrer eigenen Stigmatisierung zu werden drohen, anders als ein Mensch mit einer Behinderung von Kindheit an.

Psychiatrische Wohnheime bieten in diesem Sinne einen Schutzraum, einen Raum, der der Krankheit tolerant gegenüber steht. Dieser Schutzraum hat jedoch auch Nebenwirkungen. Die Gefahr, dass sich KlientInnen in Wohnheimen aus Angst vor Stigmatisierung verschanzen, muss dabei allen Beteiligten bewusst sein. Aufgabe der professionellen MitarbeiterInnen in psychiatrischen Wohnheimen muss sein, die Wiedereingliederung in die Gesellschaft anzustreben, Außenkontakte zu fördern, Stigmatisierung zu thematisieren und Vorurteile zu entkräften, die Betroffene möglicherweise selbst übernommen haben. Es geht auch darum, KlientInnen dabei zu unterstützen, Strategien im Umgang mit Stigmatisierung zu erlernen und sie dazu zu ermutigen, in die Öffentlichkeit zu gehen, um für ihre Rechte einzustehen und sich zu engagieren. „Inklusion bedeutet (..), das Zusammenleben in einer Gemeinschaft so zu gestalten, dass keine Diskriminierung, Marginalisierung und Ausgrenzung entsteht, dass Menschen nicht an den Rand gedrängt, sondern in ihrer Würde und in ihren Rechten geachtet werden." (CLAUSEN, J. / EICHENBRENNER, I., 2010, S. 27) Inklusion stellt dabei ein übergeordnetes Ziel von Empowerment und Empowerment das Gegenstück zur Selbststigmatisierung dar. Was die übergeordnete Aufgabe von psychiatrischen Wohnheimen angeht, durch die Schaffung von externen Arbeitsangelegenheiten, eine Öffnung nach außen zu ermöglichen, sind in der Realität ebenfalls sowohl gesellschaftliche als auch strukturelle Grenzen spürbar. Arbeitsgelegenheiten, die von psychiatrischen Wohnheimen für Menschen mit einer schizophrenen Erkrankung, die möglicherweise nicht voll belastbar und leistungsfähig sind, erschlossen werden können, gibt es selten. Vielmehr bleiben Werkstätten für behinderte Menschen übrig, die ebenfalls keine Inklusion bedeuten. (Vgl. HOLKE, J., 2009, S. 24) Diskriminierung und Stigmatisierung, die Menschen mit schizophrenen Erkrankungen tagtäglich erleben, widersprechen dem in der UN-Konvention festgelegten Ziel der Förderung gleichberechtigter Teilhabe, basierend auf den Grundsätzen der Gleichberechtigung und Nichtdiskriminierung. Mit dem anschließenden Zitat soll deutlich gemacht werden, dass sich das gesellschaftliche Bild vom perfekten Menschen ändern muss, bevor die Inklusion schizophren erkrankter Menschen gelingen kann. „Wer aufgrund welcher Merkmale stigmatisierbar ist, hängt nicht nur von der Besonderheit des Einzelnen, sondern auch vom allgemeinen Menschenbild ab. Gilt das in manchen Medien propagierte Bild des erfolgreichen, flexiblen und ewig jungen Menschen als unhinterfragbares

Maß, dann ist jede Abweichung davon stigmatisierbar. Wird der Mensch symbolisch als gleichmäßig rundes Wesen abgebildet, dann ist jede Ausbuchtung dieses idealrunden Kreises ein potentielles Stigma. (□) Antistigma-Arbeit hat ein entgegengesetztes Anliegen: Sie will deutlich machen, dass das Ideal des allzeit und allseits ebenen und runden Menschen nicht der Wirklichkeit entspricht. Es geht ihr darum, das Bild von Menschen zu erweitern .. in der Psychiatrie und in der Gesellschaft. An dieser Stelle hat dann Antistigma-Arbeit nicht nur eine psychiatriepolitische und 'caritative□ sondern bildungspolitische und präventive Bedeutung." (BOCK, T., 2010, S. 139)

6.2 Strukturelle Bedingungen

Das stark gegliederte Sozialsystem, das unterschiedliche Kostenträger für unterschiedliche Unterstützungsleistungen und damit verbundene unterschiedliche Leistungsvoraussetzungen zur Folge hat, widerspricht dem personenzentrierten Ansatz. Rehabilitationsmaßnahmen werden von unterschiedlichen Leistungsträgern übernommen. Wie im Kapitel zum Sozialgesetzbuch aufgezeigt wurde, sind Leistungen zur medizinischen Rehabilitation und zur Teilhabe am Arbeitsleben zeitlich begrenzt. Der individuelle Verlauf von Schizophrenie wird dabei nicht berücksichtigt. Die Folge sind schlechte Prognosen und abgelehnte Rehabilitationsmaßnahmen. (Vgl. ROESSLER, W. / LAUBER, C., 2004, S. 1 f.) Erfüllen KlientInnen Voraussetzungen nicht, um Leistungen in einem dieser beiden Bereiche zu erhalten, weil sie z. B. als zu lange krank und nicht rehabilitationsfähig eingestuft werden, bleibt nur noch Eingliederungshilfe, die vom Sozialhilfeträger jedoch erst dann übernommen wird, wenn vorhandene Einkommen und Vermögen aufgebraucht sind. (Vgl. ebd.) Eine Verarmung ist die Folge, die im Gegensatz dazu steht, dass „(□) eine wichtige Voraussetzung für die Ermöglichung von Recovery-Prozessen im Rehabilitationsprozess (..) die Bereitstellung einer materiellen Lebensgrundlage" (CRANACH, M., 2007, S. 337) ist. Ohne ausreichend finanzielle Mittel ist damit zwangsläufig eine Integration in die Gesellschaft bzw. Teilhabe erschwert, was zu einem Verbleiben im Wohnheim führen kann, weil die Angst vor einer Zukunft ohne materielle Sicherheit zu groß ist; dies wiederum führt zu langfristigen Kosten, die die Gesellschaft zu tragen hat. Strukturelle Bedingungen verhindern damit auch einen individuellen Hilfeprozess, der von den Betroffenen selbst ausgewählt werden sollte. Sie stehen sowohl dem Recht auf Selbstbestimmung, das im Grundgesetz verankert ist, als auch dem im SGB IX verankerten Wunsch- und Wahlrecht gegenüber.

Voraussetzung für den Bezug unterstützender Leistungen durch unser Sozialversicherungssystem ist die Bedürftigkeit der Betroffenen, die nachgewiesen werden muss. Kostenzusagen werden mehrheitlich nur befristet gewährt und ziehen eine regelmäßige Bedürftigkeitsprüfung nach sich. Wird dabei festgestellt, dass es den Betroffenen besser geht, werden die Leistungen gekürzt. „Je nach Organisation der Hilfen kann das mit erheblichen Nachteilen verbunden sein. Ich kann zum Beispiel meine befristete EU-Rente verlieren, riskiere ein Absinken auf Hartz IV-Niveau. Oder ich kann meinen Anspruch auf einen Heimplatz verlieren, und das ist in der Regel noch immer mit Verlust des bisherigen Wohnraums und der vertrauten Bezugspersonen verbunden." (GREVE, N., 2007, S. 16) Resultat ist, dass die Angst vor dem Verlust von Unterstützung so groß werden kann, dass Fortschritte in Richtung Selbständigkeit vermieden werden und Gesundung unwahrscheinlicher wird. (Vgl. ebd.)

Die Einstufung in Hilfebedarfsgruppen erschwert ein Vorankommen, da, wer in eine höhere Gruppe eingestuft wird, hilfebedürftiger erscheint und für die Hilfeleistung mehr Unterstützung finanziert wird. Machen Betroffene Fortschritte, bedeutet dies eine Herabstufung in der Hilfebedarfsgruppe und eine damit verbundene Kürzung von Leistungen. Da der wechselnde Hilfebedarf von Menschen mit einer schizophrenen Erkrankung bei der Einstufung in Hilfebedarfsgruppen nicht berücksichtigt wird, sondern eine Maßnahmepauschale je Hilfebedarfsgruppe gezahlt wird, besteht von institutioneller Seite aus die Gefahr, dass sehr selbständige BewohnerInnen im Heim behalten werden, damit andere, die intensivere Betreuung benötigen, ausreichend unterstützt werden können. (Vgl. BRILL, K. ...E., 2002, S. 145) Prinzipiell finanzieren sich Wohnheime über die Defizite ihrer KlientInnen; je größer der Hilfebedarf ist, desto höher fällt die Maßnahmepauschale aus. Wohnheime müssen dabei, um sich selbst zu erhalten, dem Leistungsträger gegenüber die schwachen statt starken Seiten ihrer KlientInnen betonen, was reichlich paradox ist, denn Aufgabe eines Wohnheims ist doch vielmehr KlientInnen wieder fit und sich selbst überflüssig zu machen.

In Wohnheimen sind Wohnraum und Hilfeleistungen miteinander verknüpft. Wird Hilfe weniger oder überflüssig, was ja eigentlich das Ziel ist, geht dies häufig mit einem Wohnraumverlust einher, d.h. gleichzeitig geht die existentielle Grundlage, der Wohnraum, verloren. „Die starren Wohnheimstrukturen aufzuweichen, die für die Betroffenen neben der fatalen Koppelung von Betreuungs- mit Mietvertrag auch bedeuten, dass sie zum Taschengeldempfänger werden, ist eine wichtige Zukunftsaufgabe der Sozialpsychiatrie und ein spannendes Arbeitsfeld für Sozialarbeiterinnen und Sozialpädagogen." (GÖRRES, B., 2010, S. 142) Ein neuer sozialrechtlicher Rahmen wird angestrebt, der im Vordergrund den individuellen Unterstützungsbedarf und Rehabilitationsbedarf sieht und nicht in erster Linie nach dem Kosten- / Leistungsträger fragt; dieser Rahmen wird in der Realität jedoch noch nicht umgesetzt. (Vgl. IRLE, H., 2007, S. 79)

Des Weiteren wurden individuelle Behandlungs- und Rehabilitationspläne zwar eingeführt, werden jedoch längst nicht von allen Einrichtungen verwendet, da der zeitliche Aufwand, der benötigt wird, um den Hilfebedarf sowohl von KlientInnenseite als auch von MitarbeiterInnenseite zu beleuchten, nicht zusätzlich vergütet wird. (Vgl. BRILL, K. ..E., 2002, S. 138) „Der personenbezogene Ansatz, die individuelle Hilfeplanung sowie individuelle Ergebnisse ..das ist ‚der Weg☐bei personenbezogener Betreuung, nicht die Zuweisung von Hilfegruppen, Versorgungsgruppen oder die Bildung von Stufen oder Modulen. Unabhängig von der Frage, wer am Ende was zahlt, sollte die Hilfeplanung nicht durch die Schere im Kopf ‚so etwas geht doch nicht☐beeinträchtigt werden. Nicht Heim ..ja oder nein, nicht arbeiten …ja oder nein, sondern ‚jedem nach seinem Maß und in seiner Zeit☐.‟ (PÖRKSEN, N., 2003, S. 62) Dieser Grundsatz wird im bestehenden System nicht / noch nicht verwirklicht. „Wir sollten (...) nicht nur überlegen, ob ein Patient selbständig arbeiten oder wohnen kann, sondern ob er sich selbst als kompetent und autonom erlebt. Es ist nicht so, dass automatisch Lebensqualität empfindet, wer selbständig wohnt, oder a priori unzufrieden ist, wer in einem betreuten Wohnheim lebt." (BAER, N., 2008, S. 27) Die Einführung des Persönlichen Budgets stellt zwar einen Schritt in Richtung einer selbstbestimmteren und personenbezogeneren Auswahl von Hilfen dar, es bleibt aber ein Instrument, das vor allem von den weniger beeinträchtigten KlientInnen genutzt werden kann und auch dann häufig nur mit Assistenz.

Zudem ist das gestufte System an Betreuungsformen, vom stationären Wohnheimstatus zum ambulant betreuten Wohnen, mit dem Ziel mehr Selbständigkeit zu erlangen, das durchlässig gestaltet werden soll, in der Realität in den wenigsten Fällen so umsetzbar. Außenwohngruppen, die dem stationären Wohnheim angegliedert sind, sich aber in einer dezentraleren Lage befinden, stellen eine Möglichkeit in Richtung vermehrter Selbständigkeit dar, TaschengeldempfängerInnen bleiben die KlientInnen trotzdem. Weitere ambulante Wohnformen sind dann häufig an einen BetreuerInnenwechsel und sowie einen Wohnraumwechsel geknüpft. Da die gleichmäßige Ausbreitung von unterschiedlichen Betreuungsformen nicht allerorts in Deutschland stattgefunden hat, bleibt diesen Klientinnen keine andere Wahl. Es steht jedoch fest, dass „überall dort, wo im Rahmen ambulant betreuter Wohnformen sowie durch weitere Hilfeangebote auch eine intensivere Begleitung und Unterstützung möglich ist, (☐) sich nachhaltig der Bedarf an Plätzen in Heimen (☐)" (BRILL, K. ..E., 2002, S. 143) verringert.

Hinzu gefügt werden muss auch, dass eine Einbindung von psychiatrischen Institutionen in den jeweiligen Gemeindepsychiatrischen Verbund nach wie vor nicht
überall gewährleistet ist, obwohl Konzepte zur Umsetzung vorhanden sind. (Vgl.
GÖRRES, B., 2010, S. 142 f.) In diesem Fall wird deutlich, dass eine strukturelle
Trennung zwischen stationären und ambulanten Hilfen die Durchlässigkeit nicht
gerade größer macht. (Vgl. BOSSHARD, M. / EBERT, U. / LAZARUS, H., 2010,
S. 478 ff.) Stationäre Einrichtungen sind nach wie vor die Anlaufstelle für Menschen mit einer psychischen Erkrankung, wenn der Unterstützungsbedarf höher ist,
denn eine intensive Unterstützung kann in vielen Fällen nur im stationären Bereich
geleistet werden. Hinzu kommt, dass bedürfnisorientierte Hilfen, die gemeinsam
mit den Betroffenen nach dem Prinzip des Verhandelns vor dem Behandeln geplant
werden sollten, noch immer nicht fest installiert sind. (Vgl. BRILL, K. ..E., 2002,
S. 138) „Nach wie vor müssen sich psychisch kranke Menschen mit einem höheren
Bedarf an Hilfen gleichsam in das Bett einer Einrichtung legen, weil die Bereitstellung umfassender bzw. intensiver Hilfen nach wie vor ein 'Privileg□stationärer
Einrichtungen ist." (ebd.)

Mit den Ausführungen in diesem Abschnitt wird deutlich, dass innerhalb der
strukturellen Bedingungen, in denen sich psychiatrische Wohnheime bewegen, vor
allem Grenzen für das Recovery-Konzept identifiziert werden können. Denn neben
einer fehlenden materiellen Sicherheit und dem damit verbundenen Mangel an Ka-
pital, um sich eine Zukunft außerhalb des Heims aufbauen zu können, wird auch
die Forderung nach einem Zugang zu allen Hilfen zu jeder Zeit nicht gewährleistet.
Dies widerspricht auch der im Rahmen der UN-Konvention postulierten Achtung
der Entscheidungsfreiheit und der Achtung der Autonomie.

6.3 Institutionelle Bedingungen im psychiatrischen Wohnheim

In den Heimgesetzen der einzelnen Bundesländer sind sowohl die Förderung von
Selbstbestimmung, Selbstverantwortung und Selbständigkeit als auch die Förderung gesellschaftlicher Teilhabe inzwischen gesetzlich verankert. Wie diese Förderung jedoch aussehen soll, bleibt offen.

Es werden keine verbindlichen Vorgaben bezüglich der Größe eines Wohnheims, des Personalschlüssels und der Art der Betreuung gemacht, die jedoch Einfluss haben dürften auf den Gesundungsprozess der BewohnerInnen.

Denn nur, wenn die Zahl der im Wohnheim lebenden BewohnerInnen begrenzt
ist und ein angemessener Personalschlüssel existiert, kann eine intensive Begleitung und individuelle Unterstützung, wie sie auch im Recovery-Ansatz gefordert

werden, umgesetzt werden. Aktuell hängt es jedoch eher vom Wohnheim selbst ab, wie viele Menschen dort zusammen leben und wie sie betreut werden. (Vgl. HEIMLER, J., 2001, S. 10 f.) Über die Maßnahmepauschalen legt der Gesetzgeber / Leistungsträger fest, in welcher Höhe Unterstützung finanziert wird. Dies hat zwangsläufig Auswirkungen auf die finanzielle Lage eines Wohnheims und damit auch auf den Personalschlüssel.

In Heimen leben viele Menschen zusammen, die alle mit vielfältigen Belastungen zu kämpfen haben. Krisen der anderen sind belastend, die Privatsphäre ist prinzipiell eingeschränkt. Schilderungen von Betroffenen im Wohnheim reichen von dem Gefühl sich im Gefängnis zu befinden, bis hin zur Erfahrung erstmals ernst genommen zu werden. (Vgl. GEPHART, W., 2003, S. 17) Maslow stellte schon 1977 fest, „dass physiologische Bedürfnisse ebenso wie die nach Sicherheit und sozialer Zugehörigkeit ausreichend befriedigt sein müssen, um darauf aufbauende Wachstumsbedürfnisse nach Selbständigkeit und Entfaltung der eigenen Persönlichkeit entwickeln zu können." (BOSSHARD, M. / EBERT, U. / LAZARUS, H., 2010, S. 469 f.) Psychiatrische Wohnheime können diese Voraussetzungen nur teilweise erfüllen und beinhalten dementsprechend sowohl Chancen als auch Grenzen für Recovery.

Menschen, die in Wohnheimen leben, haben oft außerhalb des Wohnheims wenig soziale Kontakte. Das mag sich in einigen Fällen im Laufe des Wohnheimaufenthaltes so entwickelt haben, kann aber auch schon davor so gewesen sein. Viele empfinden im engen Wohnheimrahmen die erste Erfahrung einer verlässlichen, kontinuierlichen Beziehung, die notwendig ist, um weitere Schritte in Richtung Recovery zu gehen. Die Beziehung zwischen KlientIn und SozialarbeiterIn, wenn sie gereift ist und über lange Jahre besteht, kann möglicherweise den Rückhalt bieten, um sich mit der eigenen Geschichte, mit der Aufarbeitung der Psychosen und deren Entstehung auseinander zu setzen. Gleichzeitig besteht die Gefahr, dass KlientInnen, weil sie die erste verlässliche Beziehung im Wohnheim erleben, den Schritt aus dem Wohnheim heraus gar nicht mehr machen wollen. Eine enge Beziehung zwischen MitarbeiterIn und KlientIn beinhaltet dementsprechend sowohl eine große Chance als auch eine Grenze für den Recovery-Prozess.

Psychiatrische Wohnheime bieten auf der einen Seite eine kontinuierliche, ressourcenorientierte Betreuung und Beziehungsarbeit und einen geschützten Raum an, in dem das Selbstwertgefühl und Selbstvertrauen wieder gestärkt werden kann. Die BewohnerInnen erhalten auch die Möglichkeit, unter Anleitung Selbstversorgung zu erlernen und Defizite in der Entwicklung dadurch auszugleichen.

Auf der anderen Seite können psychiatrische Wohnheime Abhängigkeiten fördern, indem für KlientInnen prinzipiell alles übernommen werden kann, so dass keine Veranlassung besteht, sich zu engagieren, da für alles gesorgt ist. Es besteht dabei die Gefahr, dass sich individuelle Bedürfnisse, vorhandene Alltagskompetenzen und selbstbestimmtes Handeln stark zurückbilden. Dies stellt eine Grenze für Recovery dar.

Auch wenn sich ein psychiatrisches Wohnheim auf eine individualisierende Arbeitsweise verständigt hat, gibt es doch bestimmte Abläufe, die allen KlientInnen vorgegeben werden, darunter sind u. a. Essenszeiten, Geldauszahlungszeiten, Hygienevorschriften etc., die das Recht auf Selbstbestimmung einschränken. Grundsätzlich können sich MitarbeiterInnen Zugang zu allen Bereichen des Lebens ihrer Klientinnen im Wohnheim verschaffen, was zu einer mangelnden Privatsphäre, zu einer Kontrolle über die Alltagsgestaltung, Kontrolle über die Medikamenteneinnahme u. a. werden kann, jedoch nicht zwangsläufig werden muss. Professionelle MitarbeiterInnen müssen sich dessen bewusst sein und bestimmte Grenzen wahren.

MitarbeiterInnen bemühen sich, individuell auf die BewohnerInnen einzugehen, „(□) bieten Unterstützung und Anleitung bei alltäglichen Verrichtungen und berücksichtigen vorhandene Einschränkungen und Belastungen." (ebd., S. 479) In einem Wohnheim können BewohnerInnen viele „(□) Mühsale des täglichen Lebens (□)" (GEPHART, W., 2003, S. 21) abgenommen werden.

Die Chance eines psychiatrischen Wohnheims besteht darin, einen Ort bieten zu können, um sich zu stabilisieren, zu entlasten von einer Welt, der sich die BewohnerInnen nicht gewachsen fühlen und um manche dadurch vor Isolation und Verwahrlosung zu schützen.

Die Chance besteht auch darin, eine Struktur bieten zu können, die viele Menschen mit einer psychischen Erkrankung verloren haben und dringend benötigen, um wieder Sicherheit in ihrem Leben zu erlangen. Der Aufbau einer verlässlichen und kontinuierlichen Beziehung über eine permanente Personalpräsenz kann im psychiatrischen Wohnheim ermöglicht werden. Ein psychiatrisches Wohnheim bedeutet für manche BewohnerInnen Inklusion im Sinne von Geborgenheit / Zugehörigkeit, vor allem für jene Menschen, die zuvor isoliert, stigmatisiert und exkludiert gelebt haben.

Grenzen sind darin zu sehen, dass eine gesellschaftliche Inklusion nicht gefördert wird, indem ein separater Raum geschaffen wird. Jedoch ist bei dieser Grenze zu beachten, dass die Gesellschaft oft für Menschen mit einer schizophrenen Erkrankung alternativ keinen akzeptablen Raum anbietet, ebenso wenig unterstützen die strukturellen Bedingungen Recovery. Ein Wohnheim kann stattdessen einen Schutz vor Stigmatisierung und Diskriminierung zumindest im Wohnheimrahmen selbst bieten, die Förderung gesellschaftlicher Teilhabe ist dagegen eingeschränkt.

In diesem Sinne sind mit psychiatrischen Wohnheimen Chancen und Grenzen verbunden.

6.4 Förderung von Gesundheit

Vor dem Hintergrund der dargelegten Chancen und Grenzen im psychiatrischen Wohnheim im Allgemeinen wird nun der Recovery-Bestandteil Gesundheit untersucht. Wie zuvor festgestellt wurde, liegt dem Recovery-Konzept ein Verständnis von Gesundheit zu Grunde, das psychische Störungen und positive Gesundheit nicht als zwei entgegengesetzte Pole, sondern als gleichzeitig möglich betrachtet. Dieser Gedanke beruht auf einem ganzheitlichen, anthropologischen Ansatz, der die gesunden Anteile eines Menschen ebenso wahrnimmt wie die erkrankten Anteile. In psychiatrischen Wohnheimen ist häufig die konzeptionelle Verankerung eines ganzheitlichen Ansatzes mit dem Fokus auf die Ressourcen vorhanden, die Gefahr besteht jedoch, dass die erkrankten Anteile und das Reagieren auf die Krankheitssymptomatik im Vordergrund stehen. Wie zuvor beschrieben, gehören verschiedene Aspekte des Wohlbefindens zu einem Gefühl von Gesundheit.

Körperliches Wohlbefinden kann im psychiatrischen Wohnheim durch eine ausgewogene Ernährung, durch ein Angebot an sportlichen Aktivitäten, durch regelmäßige, begleitete Arztbesuche unterstützt werden. Auswirkungen der schizophrenen Erkrankung und Nebenwirkungen der Medikamente können das körperliche Wohlbefinden jedoch außerdem negativ beeinflussen. In psychiatrischen Wohnheimen ist für eine Grundversorgung gesorgt, die Kost und Logis beinhaltet. Dazu gehört ein ausgestattetes Zimmer, das in manchen Wohnheimen nach den eigenen Wünschen gestaltet werden kann. Wie die Grundversorgung konkret aussieht, ist abhängig von den zur Verfügung stehenden finanziellen Mitteln und von der Konzeption einer Einrichtung. Die finanziellen Mittel, die den BewohnerInnen direkt zur Verfügung stehen, sind äußerst gering. Das materielle Wohlbefinden ist dementsprechend eingeschränkt. Um den Wohnheimaufenthalt finanzieren zu können, müssen sie häufig ihre eigene Wohnung aufgeben. Die mit dem Status als Sozialhilfeempfängerin verbundene Verarmung bedeutet, dass wenige Möglichkeiten bleiben, individuelle Bedürfnisse über die Grundversorgung hinaus zu befriedigen.

Ein weiterer für Gesundheit wesentlicher Aspekt ist das soziale Wohlbefinden. Hier spielt der Kontakt zu anderen Menschen eine Rolle. Menschen, die über längere Zeit bzw. immer wieder an einer schizophrenen Störung leiden, haben häufig Stigmatisierung und Diskriminierung erfahren und fühlen sich selten wohl in der Gesellschaft. Soziale Kontakte außerhalb des Wohnheims sind schwierig, das

Selbstwertgefühl Betroffener ist durch Stigmatisierungserfahrungen stark angegriffen. Für viele BewohnerInnen kann soziales Wohlbefinden maximal im begrenzten und geschützten Rahmen des Wohnheims empfunden werden, in einem Rahmen, der der Krankheitssymptomatik tolerant gegenüber steht. Das Gefühl gesellschaftlicher Inklusion und Teilhabe, das für das soziale Wohlbefinden elementar ist, wird von den Betroffenen oft aufgrund von Stigmatisierung und Diskriminierung nicht oder kaum erlebt. Damit ist das Stigma, das einer schizophrenen Erkrankung anhaftet, ein Hindernis für Recovery und stellt eine Grenze dar. (Vgl. AMERING, M. / SCHMOLKE, M., 2010, S. 98)

Um seelische Gesundheit trotz bestehender Krankheitssymptomatik zu empfinden, ist die Entwicklung eines Kohärenzgefühls ausschlaggebend. Das Kohärenzgefühl, das sich aus der Verstehbarkeit, Handhabbarkeit und Bedeutsamkeit zusammensetzt, kann im psychiatrischen Wohnheim definitiv unterstützt werden. Um psychotische Störungen und deren Hintergrund zu verstehen, können professionelle MitarbeiterInnen ihre KlientInnen auf der Basis einer tragfähigen Beziehung dabei unterstützen, die Biografie aufzuarbeiten und die Ursachen einer psychotischen Störung zu ergründen. Hinzu kommt auch die Unterstützung, Alarmsignale kennen zu lernen und Strategien im Umgang damit gemeinschaftlich zu entwickeln. Um den Aspekt der Bedeutsamkeit zu stärken, geht es von professioneller Seite aus um die Identifikation von Ressourcen, Bedürfnissen und Wünschen und deren Umsetzung. MitarbeiterInnen können in psychiatrischen Wohnheimen dementsprechend ihre KlientInnen bei der Förderung von seelischer Gesundheit und der Stärkung des Gefühls von Selbstwirksamkeit unterstützen, dies kann als Chance für Recovery betrachtet werden.

Was die Begleitung auf dem Recovery-Weg angeht, kann ein psychiatrisches Wohnheim durch eine recovery-orientierte Arbeit bei der Sinngebung der Psychose, der Wahrnehmung der Psychose als Bereicherung, bei der Annahme der eigenen Verletzlichkeit unterstützen und dabei Gesundheit im weitesten Sinne fördern. Was die Entwicklung autonomer Lebensziele, die Entscheidungsmöglichkeiten und die gesellschaftliche Teilhabe angeht, haben wir allerdings auch feststellen müssen, dass diesen im Wohnheimrahmen deutliche Grenzen gesetzt sind.

6.5 Förderung von Resilienz

Die Entwicklung von Resilienz im Zusammenhang mit einer schizophrenen Erkrankung bedeutet, dass Betroffene eine Widerstandskraft gegenüber ihrer Störung entwickeln, sich mit ihrer Erkrankung auseinandersetzen, Ressourcen identifizieren, um mit ihr umzugehen und sich dadurch stabilisieren. Es geht darum, sich wieder im eigenen Leben zu Recht zu finden. Basierend auf der Annahme, dass Resilienz auch nachentwickelt werden kann, können professionelle MitarbeiterInnen in psychiatrischen Wohnheimen ihre Klientinnen dazu anregen und anleiten, sich mit ihrer Erkrankung auseinanderzusetzen und in diesem Kontext Strategien im Umgang mit der Störung gemeinsam erarbeiten. KlientInnen sollen zu ExpertInnen ihrer eigenen Erkrankung werden und dabei durch die Bereitstellung von Informationen zu ihrer Erkrankung unterstützt werden. Zuversicht / Hoffnung bei den KlientInnen zu wecken, ist dabei eine wichtige Aufgabe der MitarbeiterInnen, die auch hier mit verstärkter Ressourcenorientierung und einer ganzheitlichen Sichtweise die gesunden Anteile ebenso im Fokus hat wie die Krankheitsbewältigung.

„Eine Diagnose einer psychiatrischen Erkrankung hindert einen nicht daran, Resilienz zu entwickeln. Wenn man sich jedoch zu vollständig mit der Krankheit und deren implizierten Beschränkungen identifiziert, kann dies einen davon abhalten, den negativen Erfahrungen und Gefühlen sinnvolle eigene Reaktionen und Antworten entgegenzusetzen." (GLOVER, H. zit. nach AMERING, A. / BOTTLENDER, R., 2009, S. 5)

6.6 Förderung von Empowerment

Als wesentliche Aspekte von Empowerment wurden die Selbstermächtigung und die Emanzipation von Menschen, die an einer schizophrenen Erkrankung leiden, genannt. Damit KlientInnen sich ihrer selbst ermächtigen und sich selbst helfen können, müssen hierarchische Strukturen zwischen MitarbeiterInnen und KlientInnen in psychiatrischen Wohnheimen aufgelöst werden und sich hin zu einem partnerschaftlichen Verhältnis basierend auf einer Empowerment-Kultur entwickeln.

KlientInnen muss in diesem Zusammenhang ein größtmögliches Maß an Selbstbestimmung und Mitbestimmung im psychiatrischen Wohnheim ermöglicht werden. Für professionelle MitarbeiterInnen geht es darum, ihre KlientInnen zu mündigen BürgerInnen zu machen, auch auf die Gefahr hin, dann vermehrt auf Widerstände zu stoßen. Die gesetzliche Verankerung zur Gründung eines Heimbeirats in Wohnheimen stellt einen ersten Schritt in Richtung Mitbestimmung dar. Zudem ist Einbeziehung von Psychose-Erfahrenen in die Bereiche der Planung, Ausführung und Evaluation von psychosozialen Hilfen äußerst wichtig. Psychiatrie-Erfahrene können in diesem Zusammenhang im Rahmen des EX-IN-Projekts für eine Mitarbeit in Wohnheimen qualifiziert werden. „Da sie aber ein grundlegendes Umdenken in der Psychiatrie-Landschaft und eine echte Bereitschaft zur Machtteilung erfordert, ist klar, dass mit den Erfolgen der Nutzer-Projekte und -Initiativen auch Probleme und Machtkämpfe mit den etablierten Systemen zu erwarten sind (☐)." (AMERING, M. / SCHMOLKE, M., 2010, S. 110) Die Einbeziehung von KlientInnen darf nicht nur eine Alibi-Funktion übernehmen, die Meinung von Psychiatrie-Erfahrenen muss wirklich Gewicht haben.

MitarbeiterInnen in psychiatrischen Einrichtungen können des Weiteren einen wichtigen Beitrag leisten, indem sie ihre KlientInnen über Selbsthilfegruppen informieren, sie dazu ermutigen, sich zu beteiligen, und sie gegebenenfalls begleiten. Aufgabe psychosozialer Arbeit ist, Betroffene zu einer aktiven Beteiligung zu ermutigen, auf der Basis der zuvor genannten Unterstützung von seelischer Gesundheit.

Das Recht auf Selbstbestimmung kann außerdem gestärkt werden, indem KlientInnen die Wahl zwischen verschiedenen Optionen ermöglicht wird. Wie zuvor ersichtlich wurde, sind die Optionen eines Bewohners / einer Bewohnerin im psychiatrischen Wohnheim aufgrund struktureller Bedingungen eingeschränkt. Durch die institutionellen Rahmenbedingungen sind einer selbstbestimmten Entscheidung ebenfalls Grenzen gesetzt und damit auch dem Recovery-Konzept.

Institutionen, die sich auf eine personenzentrierte, individualisierende Arbeitsweise berufen, versuchen zwar individuell auf die Bedürfnisse und vielfältigen Belastungsfaktoren ihrer Klientinnen einzugehen, bspw. durch die flexible Gestaltung von Arbeitszeiten und die Berücksichtigung von individuellen Wünschen bezüglich verschiedener Arbeiten, sei es im Garten oder in der Küche. Trotzdem kann eine individualisierte Hilfe in einem psychiatrischen Wohnheim immer nur im Rahmen institutioneller Grenzen stattfinden.

Unter dem Gesichtspunkt der Selbstbestimmung sind auch die Möglichkeiten von Behandlungsvereinbarungen, Betreuungsvereinbarungen, PatientInnenverfügung und Vorsorgevollmachten zu nennen, die von MitarbeiterInnen und ihren KlientInnen zum Thema gemacht werden sollten, um ein größeres Maß an Selbstbestimmung auch in Krisenzeiten zu erhalten. Diese Möglichkeiten zur schriftlichen Absprache sind wichtig, um das Recht auf Selbstbestimmung von Psychiatrie-Erfahrenen zu stärken auch in Zeiten, in denen Krisenintervention notwendig werden könnte. Wenn diese Mittel genutzt werden, besteht eine Chance für Recovery. Ist im Falle von Selbst- oder Fremdgefährdung gemäß Unterbringungsgesetzen eine Klinikeinweisung in Betracht zu ziehen, müssen sich professionelle MitarbeiterInnen bewusst sein, dass sie über den / die zuständige PsychiaterIn Einfluss nehmen können darauf, ob eine Einweisung stattfindet oder nicht. Wichtig ist dabei, auf die Würde der Betroffenen und deren Bedürfnisse / Wünsche, die möglicherweise zuvor festgelegt wurden, zu achten. Wird eine Krisenintervention notwendig, ist eine tragfähige Beziehung zwischen KlientIn und MitarbeiterIn hilfreich. Klärende Gespräche können einen freiwilligen Klinikaufenthalt bewirken oder ihn in manchen Fällen ganz überflüssig machen. Hingewiesen sei an dieser Stelle auf die betroffenengeleiteten Weglaufhäuser und Krisenpensionen, die eine Alternative zur psychiatrischen Klinik darstellen, jedoch noch längst nicht flächendeckend verbreitet sind.

Eine besonders große Herausforderung für die professionellen MitarbeiterInnen in einem psychiatrischen Wohnheim stellt bei Empowerment häufig die fehlende Motivation bzw. die „erlernte Hilflosigkeit" (Vgl. SELIGMAN, M., zit. nach KNUF, A., 2006, S. 86) der BewohnerInnen dar. Verschiedene Faktoren können Grund dafür sein. Zum einen kann es daran liegen, dass eigene Aktivität nicht notwendig ist. „Wenn ich´s nicht mache, machen die anderen es eh für mich." (KNUF, A., 2006, S. 86) Zum anderen kann es an einem bevormundenden, paternalistischen Konzept liegen, das eigene Wünsche und Bedürfnisse nicht ausreichend berücksichtigt. BewohnerInnen lernen daraus, dass ihre Meinung nichts zählt und sie nichts bewirken können, die Folge ist ein geringes Selbstvertrauen und ein geringes Gefühl der Selbstwirksamkeit. Weitere Gründe liegen in mangelnden Zukunftsperspektiven, in der Angst, die Unterstützung zu verlieren, wenn man zu aktiv ist, Angst davor, zu scheitern und naturgemäß in der Angst vor Veränderungen oder einer Mischung aus allem. (Vgl. ebd., S. 84 ff.)

Um der Passivität zu begegnen, darf von professioneller Seite aus Motivation nicht von vornherein erwartet werden, sondern sollte vielmehr Ziel eines Hilfeprozesses sein. Motivation wird vor allem dann geweckt, wenn es um selbstgesetzte und freiwillig gewählte Ziele geht. Zugrunde liegt folgende Annahme: „Jeder Mensch, der selbst nicht aktiv wird, hat gute Gründe für dieses Verhalten. Ohne ein Verständnis für die Ursachen der Passivität lässt sich ein hilfreiches professionelles Vorgehen schwer planen." (ebd., S. 78)

Hier heißt es, von professioneller Seite aus mit viel Zeit und Geduld immer wieder auf die KlientInnen zuzugehen, ihnen nichts aufzuzwingen und auch Ablehnung zu akzeptieren. Vor allem eine verlässliche und kontinuierliche Beziehung ist in diesem Kontext wichtig, eine Beziehung, die Mut macht und Hoffnung weckt, die auch Raum bietet, um vom Leiden zu erzählen, um belastende Erfahrungen zu verarbeiten. „Die Krankheit anzuerkennen ist eine wichtige Voraussetzung für Empowerment und Genesung." (ebd., S. 70) Der Aufbau von Selbstvertrauen und einem gesteigerten Selbstwertgefühl ist die Basis, um die Motivation zu Veränderungen zu fördern. Selbststigmatisierung muss dabei ebenfalls im Blickfeld professioneller MitarbeiterInnen sein. „Klienten berichten oft nicht von sich aus von ihren

Selbststigmatisierungen, da diese Prozesse automatisiert und damit unbewusst ablaufen. Auch emotionale Reaktionen wie etwa Schamgefühle werden erst offen angesprochen, wenn es ein vertrauensvolles Verhältnis zwischen Fachperson und Betroffenem gibt." (ebd., S. 67) Ist sich eine psychiatrische Einrichtung der Voraussetzungen für Empowerment, die in diesem Abschnitt genannt wurden, bewusst und versucht, sie umzusetzen, kann über die Arbeit in einem psychiatrischen Wohnheim das Empowerment von KlientInnen auf dem Recovery-Weg durchaus gestärkt werden, was eine große Chance darstellt. Dabei sind, wie von Knuf genannt, das Vertrauen in die Fähigkeiten der KlientInnen, eine nicht beurteilende Grundhaltung und eine passive Aktivität von professioneller Seite aus von Bedeutung.

6.7 Phasen von Recovery im psychiatrischen Wohnheim

Wie zuvor ersichtlich wurde, bietet ein psychiatrisches Wohnheim im Rahmen vorhandener Bedingungen durchaus Chancen. Damit diese Chancen für Recovery auch wahrgenommen werden können, ist ein richtiges Timing Voraussetzung.

Im Kapitel zu den praktischen Phasen von Recovery wird deutlich, in welchen unterschiedlichen Stadien sich psychiatrische KlientInnen im Laufe ihrer Recovery befinden und was in diesen Phasen von professioneller Seite aus als hilfreich betrachtet wird. Hinzu kommt die Unterschiedlichkeit der BewohnerInnen eines psychiatrischen Wohnheims, die im zuvor ausgeführten Kapitel dargestellt wurden. Die Schwierigkeit dabei ist zum einen, dass der Recovery-Prozess nicht linear verläuft, was professionelle MitarbeiterInnen vor die anspruchsvolle Aufgabe stellt, jeweils herauszufinden, in welcher Phase sich KlientInnen gerade befinden. Zum anderen haben die BewohnerInnen unterschiedliche Bedürfnisse. New Chronics brauchen häufig eine enge Alltagsbegleitung, um fehlende Erfahrungen nachzuholen, um Alltagsfertigkeiten zu erlernen. Hierbei ist häufig eine erziehende, auch kontrollierende Komponente in der Betreuung wichtig, die eine konsequente Struktur vorgibt. Dem gegenüber stehen die vorübergehenden NutzerInnen, die ein großes Maß an Alltagskompetenz mitbringen und eher eine Aufarbeitung der Vergangenheit und die Erfahrung von Stabilität auf einer partnerschaftlichen Ebene benötigen als Erziehung und strikte Tagesabläufe.

Anhand dieser beiden Beispiele wird deutlich, dass ein erhebliches Maß an intensiver Betreuung notwendig ist und eine gute Kenntnis über die Klientin bzw. den Klienten, um erfolgreich unterstützen zu können und um adäquat auf die einzelnen Phasen eines recovery-orientierten Vorgehens eingehen zu können. Insgesamt ist das richtige Timing von Helfen und Nicht-Helfen wichtig, um auf der einen Seite ausreichend zu unterstützen und auf der anderen Seite wieder loszulassen. Der Abschied, der gekennzeichnet ist durch die Erkenntnis von professioneller Seite aus überflüssig zu sein, ist u. a. ein wichtiger Schritt in Richtung Recovery der KlientInnen in einem psychiatrischen Wohnheim. Anzumerken ist an dieser Stelle, dass sich nicht jeweils alle KlientInnen zur gleichen Zeit in der gleichen Phase befinden, was eine zusätzliche Herausforderung für professionelle MitarbeiterInnen bedeutet. Es erfordert ein individuelles Eingehen auf alle KlientInnen und eine Wachsamkeit, die in einem psychiatrischen Wohnheim aufgrund institutioneller Rahmenbedingungen, eingeschränkter Personal- und Arbeitszeitkapazität nur in Grenzen zu leisten sind. Für Recovery stellt dies eine Grenze dar, da Recovery in einem höchst eigenen Tempo verläuft. Im Zusammenhang mit dem richtigen Timing sei auf die Ergebnisse der Studie im Raum Basel verwiesen. Dort wurde eine „negative Dynamik" zwischen MitarbeiterInnen und KlientInnen festgestellt, die Schritte in Richtung Selbständigkeit erschwert. Von institutioneller Seite aus wurde zu lange gewartet, um einen nächsten Schritt zu gehen, und später wollten Klientinnen aus Angst, den geschützten Rahmen zu verlieren, nicht mehr. Ergebnis dieser Studie war auch, dass in den ersten 12 Monaten des Wohnheimaufenthalts Schritte in Richtung Selbständigkeit gemacht werden müssen. Die Schwierigkeit in diesem Zusammenhang besteht darin, dass häufig in der praktischen Arbeit Motivation und die Übernahme von Verantwortung als Vorbedingungen für weitere Schritte gemacht werden, statt als Resultat von Hilfeprozessen betrachtet zu werden. (Vgl. BAER, N., 2008, S. 28 f.) Die Konzentration auf Stabilisierung wirkt lähmend auf die Entwicklung von Selbständigkeit. (Vgl. AMERING, M. / SCHMOLKE, M., 2010, S. 106) All jenes, was zu einer Reduzierung von Selbständigkeit führt, kann als Grenze von Recovery betrachtet werden. Prinzipiell besteht hier ein Widerspruch. In den ersten 12 Monaten sollen einerseits Fortschritte in Richtung Selbständigkeit gemacht werden, andererseits verläuft Schizophrenie sehr individuell, zeitliche Begrenzungen sind für Recovery-Prozesse dabei kontraproduktiv.

Es muss auch bedacht werden, dass das Wohnheim möglicherweise nicht für alle seine BewohnerInnen einen Recovery fördernden Rahmen bieten kann. So haben SystemsprengerInnen und New Chronics zwar beide einen hohen Hilfebedarf, treten den gegebenen Strukturen aber oftmals mit Rebellion und Regression gegenüber. Für beide wäre wahrscheinlich ein kleinerer Rahmen hilfreicher, in dem individuelle Unterstützung wirklich möglich ist und in dem Selbständigkeit verstärkt gefördert wird.

6.8 Chronizität versus Hoffnung

Mit der Bezeichnung der Chronizität einer Erkrankung, wie sie im Kapitel „Merkmale chronischer Krankheit" beschrieben wurde, ist unweigerlich die Gefahr der Hoffnungslosigkeit in Bezug auf potentielle Veränderungen und in Bezug auf Recovery verbunden, denn „(□) chronisch ist retrospektiv lang dauernd und prospektiv unveränderbar." (ebd., S. 4) Erhalten Klientinnen den Stempel „chronisch krank", kann „(□) ein Kreislauf aus Hoffnungs- und Tatenlosigkeit (□) zum Erhalt von Symptomen und Behinderungen beitragen." (ebd.) KlientInnen haben kein Vertrauen in die Wirksamkeit von Hilfsangeboten und nehmen diese dementsprechend nicht wahr. Die für Recovery notwendige Idee von Gesundheit gerät damit ins Abseits. Sobald jemand als chronisch krank betrachtet wird, besteht auch für professionelle MitarbeiterInnen die Gefahr, dass der Glaube daran schwindet, dass Betroffene genesen, Fähigkeiten wiederentwickeln und ein zufriedenstellendes Leben führen könnten. „Ich werde diesem Menschen also nicht unbedingt viel Eigenständigkeit zutrauen und ihn darum auch nicht fordern und fördern. Ich werde nicht auf positive Veränderungen achten, diese wertschätzen und unterstützen, sondern ich werde zufrieden sein, wenn mein Leben mit dem Klienten in ruhigen, stabilen und gleichmäßigen Bahnen verläuft, sicher, satt und sauber□." (GREVE, N., 2007, S. 17) Recovery kann nur dann gelingen, wenn alle Beteiligten ..Betroffene, psychiatrische MitarbeiterInnen und das soziale Umfeld ..der Gesundung zuversichtlich gegenüber stehen. Geschieht dies nicht, werden sich Betroffene in ihr Schicksal ergeben, keine Motivation mehr verspüren und chronisches Krankheitsverhalten internalisieren. (Vgl. KNUF, A., 2004, S. 38 f.)

Greve umschreibt mit Chronizität auch eine verpasste Entwicklung, die psychosozialen Folgen einer psychischen Erkrankung und das Herausfallen aus der gesellschaftlichen Normalität durch eine Psychose. (Vgl. GREVE, N., 2007, S. 15.) Betroffene verpassen „(□) je nach Alter die eigentlich anstehenden Lebensaufgaben: Schul- oder Ausbildungsabschluss; erste Liebe; den Einstieg oder Wiedereinstieg ins Berufsleben; das Verlassen des Elternhauses; erfolgreiche Partnerbeziehung; die Gründung einer Familie (□)." (Vgl. ebd.) Für Hilfen im psychiatrischen Bereich bedeutet dieser Fakt, dass weitere Krisen mit einem möglichst geringen Partizipationsverlust einhergehen sollten und Weiterentwicklung trotz wiederkehrender psychotischer Symptome über Empowerment, Ressourcen- und Subjektorientierung gewährleistet werden muss. (Vgl. Ebd., S.15 ff.)

Knuf verweist darauf, dass gerade Betroffene, die sich mit dem Attribut „chronisch krank" nicht identifizieren wollen, sich leichter auf den Recovery-Weg begeben. (Vgl. KNUF, A., 2004, S. 38 f.)

Insgesamt ist deutlich geworden, welche Gefahr der Stempel der Chronizität in sich birgt in Bezug auf die für Recovery notwendige Hoffnung und Zuversicht. Dem Begriff „Chronizität" liegt ein Verständnis von Psychose zugrunde, das eine eigengesetzlich und wenig beeinflussbar ablaufende und damit hoffnungslose Erkrankung beinhaltet. Aufgrund dessen wird im Folgenden die Bezeichnung „chronisch" nicht mehr verwendet und ist in der Überschrift dieses Kapitels durchgestrichen dargestellt.

Auf der Basis des Wissens, dass Gesundung möglich ist, können Betroffene unterstützt werden, Zuversicht und Hoffnung zu entwickeln, genügend Zeit zu haben, sich selbst als Akteur zu betrachten, die eigene Verletzlichkeit zu erkennen und die Psychose als Entwicklungsmöglichkeit zu nutzen. (Vgl. BOERMA, R. / RICHTE-RICH, B., 2009, S. 23) „Wenn Hoffnung gemeinsames Element jedes Erfolgsweges ist, gilt: Keine Hilfe ohne Hoffnung! Wenn Veränderungen Zeit brauchen, benötigen auch Profis einen langen Atem. Wenn es wichtig ist, sich als selbst handelndes Subjekt zu erleben, müssen Profis Erfahrungsspielräume zulassen." (ebd.) Professionelle dürfen sich nicht zurückziehen, auch wenn die Selbstbestimmung der KlientIn im Vordergrund steht. Aufgabe ist es vielmehr zu informieren, anzuregen, zu unterstützen, zu begrenzen, Verantwortung als „Sorge" zu übernehmen und sich des doppelten Mandats zwischen Hilfe und Kontrolle bewusst zu sein. (CLAUSEN, J. / EICHENBRENNER, I., 2010, S. 30 f.) Knuf fordert „( ) eine Haltung von vernünftigem Optimismus anstelle eines demoralisierenden Pessimismus. ( ) Hoffnung hat nichts zu tun mit einem 'Das wird schon wieder Es geht auch nicht um übertriebene oder 'falsche sondern um 'positive Hoffnung, um eine Offenheit für Möglichkeiten. Hoffnung ist auch nicht fatalistisch, sondern geht vielmehr davon aus, dass ganz bestimmte positive Bedingungen eine Veränderung in Gang setzen können. Hoffnung ist eine Haltung, eine Atmosphäre, eine Art und Weise, wie ich als Fachperson den betroffenen Menschen betrachte und wie ich ihm in der Folge begegne." (KNUF, A., 2004, S. 40) Für professionelle MitarbeiterInnen ist dabei von Bedeutung, mehr über die Prozesse der Gesundung im Gespräch mit Betroffenen und Angehörigen zu erfahren, die Hoffnung als wesentlichen Bestandteil zu betrachten und folglich zu lernen, wie Hoffnung vermittelt werden kann und eine ganzheitliche, ressourcenorientierte Betrachtung der KlientInnen umzusetzen, eine individuelle Unterstützung daraus zu entwickeln und negative Prognosen zu vermeiden. (Vgl. ebd., S. 41) Dies sind Voraussetzungen für eine recovery-orientierte Praxis, um Recovery-Prozesse zu unterstützen.

6.9 Allgemeine Anforderungen an psychiatrische Wohnheime und deren MitarbeiterInnen

Im Zusammenhang mit unterschiedlichen Versorgungskulturen entstehen viele Spannungsfelder. Neben den altbekannten zwischen Fürsorge und Emanzipation kommen Spannungen hinzu zwischen „Überfordern und Unterfordern, fürsorglicher Belagerung und Vernachlässigung, Fördern und Fordern, Versorgen und Entsorgen, Allein-lassen und Bevormunden, Patientenverfügung und Vorsorgevollmacht und Handeln in der konkreten Situation." (GEPHART, W., 2003, S. 58) In der professionellen Arbeit muss darauf geachtet werden, zwischen verstärkter Unterstützung in Krisenzeiten und weniger Unterstützung bei mehr Stabilität zu unterscheiden. Außerdem ist eine Verständigung auf eine Empowerment-Kultur notwendig, die KlientInnen auf einer partnerschaftlichen Ebene begegnet, damit Recovery eine Chance hat.

Die dazu notwendigen Kernkompetenzen von professionellen MitarbeiterInnen gehen weit über das erlernte Fachwissen hinaus. Vor allem menschliche Verhaltensweisen, die Begegnung auf Augenhöhe, die gegenseitige Toleranz, das Ernstgenommen werden, Geduld und eine freundschaftliche Beziehung beinhalten wichtige Chancen für den Recovery-Prozess der Betroffenen. Mit diesen unterstützenden menschlichen Verhaltensweisen sind jedoch auch zutiefst menschliche Grenzen verbunden. Die individuellen Ressourcen der MitarbeiterInnen sind dabei eine Grenze. Wird von Psychiatrie-Erfahrenen noch so sehr geschätzt, dass auch über die reguläre Arbeitszeit hinaus auf einer freundschaftlichen Ebene unterstützt wird, ist auch für professionelle MitarbeiterInnen eine eigene Freizeitgestaltung wichtig, die vor Burn-out schützt. Außerdem sind auch professionelle MitarbeiterInnen nicht davor gefeit, Sympathie und Antipathie gegenüber ihren KlientInnen zu empfinden. Beim Beziehungsaufbau muss sich dabei von MitarbeiterInnen und Betroffenen die Zeit genommen werden, die passende MitarbeiterIn oder den passenden Mitarbeiter zu finden, die / der von KlientInnen auf ihrem Recovery-Weg als besonders hilfreich empfunden wird. Zeit muss auch dafür genommen werden zu klären, was für welche KlientIn im Vordergrund steht um zu vermeiden, dass eine Diskrepanz entsteht zwischen dem, was jeweils für MitarbeiterInnen und für KlientInnen Priorität hat. Das Austarieren von Nähe und Distanz in der Beziehung von MitarbeiterIn und KlientIn ist dabei nicht nur in Bezug auf die Betroffenen wichtig, sondern auch in Bezug auf den Eigenschutz der professionellen MitarbeiterInnen.

Professionelle MitarbeiterInnen befinden sich des Weiteren in Spannungsfeldern zwischen personalen, situativen, institutionellen und gesellschaftlichen Anforderungen. Sie tragen Verantwortung im eigenen Handeln gegenüber den KlientInnen, gegenüber der eigenen Institution, gegenüber dem Gesetz und gegenüber sich selbst. Es ist ein Multi-Mandat. Dieses Mandat beinhaltet einerseits die Verpflichtung, KlientInnen in pädagogisch-sozialtherapeutischer Weise zu unterstützen und sie andererseits im Rahmen rechtlich-organisatorischer Bedingungen zu überwachen. Einerseits sollen MitarbeiterInnen die Interessen derjenigen schützen, mit denen sie arbeiten, andererseits unterliegt der Hilfeprozess aber den gesellschaftlichen Anforderungen von Effizienz und Nutzen. Professionelle MitarbeiterInnen können diese Widersprüche nicht auflösen, müssen sich aber deren Existenz bewusst sein und dementsprechend immer wieder kritisch reflektieren, in welchem Interesse gehandelt werden soll und ob dies jeweils eine Chance oder Grenze für Recovery bedeutet. (Vgl. http://www.dbsh.de/html/down-pub.html)

Damit Recovery in psychiatrischen Wohnheimen eine Chance erhält, ist es wichtig, dass sich die Konzeption einer Einrichtung nach den Leitgedanken des Recovery-Konzepts richtet und sie immer wieder kritisch hinterfragt. Dabei ist es notwendig, dass auch in die Leitbildentwicklung und in die Entwicklung von Qualitätskriterien Psychiatrie-Erfahrene einbezogen werden, dass die Dokumentation insgesamt auch für Betroffene transparent und verständlich ist. MitarbeiterInnen sollten dementsprechend danach ausgewählt werden, ob sie bereit sind, recoveryorientiert zu arbeiten.

KlientInnen sollte der größtmögliche Entscheidungsspielraum bei der Wahl zwischen verschiedenen Unterstützungsangeboten überlassen werden. Im Besonderen sollten auch Psychiatrie-Erfahrene als MitarbeiterInnen in psychiatrischen Institutionen eingestellt werden. Damit grundlegende Veränderungen im Denken der MitarbeiterInnen möglich werden, müssen Recovery-Geschichten und das Recovery-Konzept selbst schon Thema während der Ausbildung von professionellen MitarbeiterInnen sein.

7. Ausblick

Anhand der Ausführungen im vorherigen Kapitel wird deutlich, dass die Frage nach der Anwendbarkeit des Recovery-Konzepts für Menschen mit einer schizophrenen Erkrankung im psychiatrischen Wohnheim nicht einfach zu beantworten ist. Wir haben gesehen, dass in einem Wohnheim viele für Recovery wesentliche Aspekte unterstützt werden können, diesen aber auch erhebliche Grenzen gesetzt sind. Bei der Arbeit mit einem Recovery-Konzept muss von vornherein klar sein, dass es „chronisch krank" nicht gibt, weil dieser Stempel von Anfang an Unheilbarkeit impliziert. Eine Gesundung im Sinne des Recovery-Konzepts von Menschen mit einer schizophrenen Erkrankung ist zu jeder Zeit und für jede Person möglich, sei es nun mit oder ohne bestehende Krankheitssymptomatik.

Zuvor ist deutlich geworden, dass es von gesellschaftlicher Seite aus starke Vorbehalte gegenüber Menschen mit einer schizophrenen Erkrankung gibt, die zu Stigmatisierung und Diskriminierung führen. In einer Gesellschaft, in der Leistungsfähigkeit ausschlaggebend ist, um vollwertiges Mitglied werden zu können, finden Menschen mit einer schizophrenen Störung schwer ihren Platz. Stigmatisierung und Diskriminierung behindern den Recovery-Prozess. Soziales Wohlbefinden, das für die Gesundung wichtig ist, wird durch Stigmatisierung und Diskriminierung erschwert. Um dem gesellschaftlichen Bild von Menschen, die an Schizophrenie erkrankt sind, entgegen zu wirken, muss vermehrt Öffentlichkeitsarbeit sowohl durch Psychiatrie-Erfahrene selbst als auch durch professionelle MitarbeiterInnen geleistet werden, soweit beide Seiten dazu bereit und dazu fähig sind. Dabei spielt das Empowerment der BewohnerInnen in einem Wohnheim eine entscheidende Rolle.

Des Weiteren stellen strukturelle Bedingungen, in die psychiatrische Wohnheime eingebettet sind, Hindernisse für Recovery dar. Das bestehende geteilte Rehabilitationssystem geht nicht auf den individuellen Verlauf von Schizophrenie ein, in dem Maßnahmen zur medizinischen und beruflichen Rehabilitation zeitlich begrenzt sind. Eingliederungshilfe im Rahmen von Sozialhilfe, die dann übrig bleibt, bedeutet Verarmung. Wie sollen KlientInnen vor diesem Hintergrund Zukunftsperspektiven entwickeln, wenn materielle Bedürfnisse nicht ausreichend befriedigt werden können und wenn ein noch schlechterer finanzieller Status auf Hartz IV-Niveau im Anschluss an einen Wohnheimaufenthalt zu erwarten ist? Wie sollen professionelle MitarbeiterInnen in diesem Zusammenhang Hoffnung und Optimismus vermitteln, wenn die Strukturen eine Perspektivenentwicklung schon an diesem Punkt behindern?

Mit dem Prinzip Hoffnung / Zuversicht ist im bestehenden Sozialsystem schon an sich eine Grenze verbunden, denn auf der Basis von Hoffnung kann keine Aussage über den Erfolg einer Maßnahme im Vorhinein getroffen werden. Dies widerspricht einem System, dass nur dann Leistungen finanziert, wenn ein Erfolg abzusehen ist.

Mit dem aktuellen Sozialsystem sind weitere Widersprüche verbunden. Nur wer besonders hilfebedürftig erscheint, erhält höhere Leistungen. Wer Fortschritte macht, muss befürchten, sofort mit Leistungskürzungen und geringerer Unterstützung konfrontiert zu werden. Wohnheime müssen sich selbst finanzieren, indem sie die Defizite ihrer KlientInnen beim Kostenträger hervorheben statt der Ressourcen. Eine paradoxe Situation, wo sich im Wohnheim doch auf die Ressourcen konzentriert werden soll. Diese strukturellen Bedingungen können eindeutig als Grenzen für das Recovery-Konzept identifiziert werden. Weitere Grenzen auf struktureller Ebene bestehen durch die Kopplung von Betreuungsleistung und Wohnraum, die bei KlientInnen die Angst schürt, bei zu viel Selbständigkeit und der potentiellen Reduzierung von Hilfe gleichzeitig das Dach über dem Kopf zu verlieren.

In der Literatur findet sich insgesamt wenig Positives zur Unterbringung in psychiatrischen Wohnheimen, immer wieder wird die Auflösung von Heimen gefordert. Dabei stellt sich die Frage, wo KlientInnen ihren Platz finden sollen, die seit Jahren ihr Zuhause in einem Wohnheim haben? Es mag stimmen, dass für einige BewohnerInnen ein Wohnheim nicht den richtigen Rahmen bietet, für andere dagegen scheint es einen Ort der Stabilität zu bieten, den diese dringend benötigen. Psychiatrische Wohnheime sind nach wie vor gut belegt und weisen teilweise lange Wartelisten auf, was sich in den ansteigenden Fallzahlen im stationären Bereich der Eingliederungshilfe zeigt. Ansteigende Zahlen im stationären Bereich lassen sich auch mit mangelnden Alternativen begründen. Psychiatrische Wohnheime werden solange erforderlich bleiben, bis strukturelle Bedingungen geschaffen worden sind, die Menschen mit einem immer wiederkehrenden, aber nicht kontinuierlich hohen Hilfebedarf ausreichend unterstützen können.

Bei der Bewertung des psychiatrischen Wohnheims selbst in Bezug auf die Anwendbarkeit des Recovery-Konzepts wurde hervorgehoben, dass Recovery-Prozesse unter Berücksichtigung verschiedentlicher Herausforderungen und Fallen durchaus positiv beeinflusst werden können. MitarbeiterInnen können wesentlich dazu beitragen, dass sich Klientinnen auf den Recovery-Weg begeben, indem sie über Beziehungsarbeit bei der Entwicklung von Resilienz unterstützen, indem sie Empowerment und Gesundheit fördern, basierend auf dem Verständnis, dass seelische

Gesundheit und psychische Krankheit immer gleichzeitig möglich sind. Nach einem Recovery-Konzept zu arbeiten bedeutet, sich sowohl von professioneller Seite als auch von Betroffenen-Seite aus dem Punkt anzunähern, der eine Gesundung möglich macht, das bedeutet eindeutig eine Chance für Recovery.

Dabei ist Recovery zum einen eine Haltung, die von professionellen MitarbeiterInnen im psychiatrischen Wohnheim verinnerlicht und immer wieder diskutiert werden muss. Hoffnung zu vermitteln und Mut zu machen ist Aufgabe der MitarbeiterInnen im Wohnheim. Um eine hoffnungsvolle Atmosphäre im psychiatrischen Wohnheim zu unterstützen, müssen dabei Recovery-Geschichten Thema sein, um den allgemeinen Blickwinkel zu erweitern.

Zum anderen ist Recovery ein Prozess, der aktiv von Menschen mit einer schizophrenen Erkrankung durchlebt werden muss, dazu gehört ein erhebliches Maß an Mut. Nicht zuletzt ist Recovery auch ein Ergebnis, dann nämlich, wenn Betroffene Lebensqualität zurückgewonnen haben, sei es nun mit oder ohne Symptome.

Psychiatrische Wohnheime befinden sich insgesamt in einer schwierigen Lage. Einerseits sollen sie den notwendigen Schutzraum bieten, der für eine Stabilisierung und Weiterentwicklung ihrer BewohnerInnen ausschlaggebend ist. Andererseits haben sie aber auch den Auftrag, KlientInnen auf eine gesellschaftliche Wiedereingliederung in ein selbständiges Leben vorzubereiten und sich selbst überflüssig zu machen. MitarbeiterInnen müssen sich diesen gegenläufigen Zielrichtungen bewusst sein und immer wieder mit ihren KlientInnen von Neuem bewerten, welches Ziel momentan im Vordergrund steht, um sie auf ihrem Recovery-Weg begleiten zu können. Zudem hat das Recovery-Konzept im psychiatrischen Wohnheim dann eine Chance, wenn sich die Konzeption einer Einrichtung danach ausgerichtet ist und sich die professionellen MitarbeiterInnen dementsprechend auf eine recovery-orientierte Arbeitsweise verständigen. MitarbeiterInnen müssen dabei bereit sein, ihre Arbeitsweise zu hinterfragen und dies möglicherweise durch eine recovery-orientierte Supervision unterstützen. Des Weiteren kann das Recovery-Konzept erfolgreich sein, wenn es gelingt, KlientInnen zu motivieren zu ihrer eigenen Recovery, wenn es gelingt, sie zu mündigen BürgerInnen zu „empowern".

Nach einem Recovery-Konzept zu arbeiten heißt, KlientInnen konsequent in alle Vorgänge im psychiatrischen Wohnheim einzubeziehen, hierarchische Strukturen zugunsten von demokratischen aufzulösen, und dies nicht nur alibi-mäßig zu tun. Es bedeutet auch, MitarbeiterInnen mit eigener Psychiatrie-Erfahrung, die im Rahmen des EX-IN-Projekts ausgebildet wurden, einzustellen und angemessen zu entlohnen. Voraussetzung für das Recovery-Konzept ist ebenso, dass KlientInnen den größtmöglichen Entscheidungsspielraum erhalten und dabei so viel Zeit zur Verfügung haben, wie sie brauchen. In der Konsequenz kann die Wahrnehmung des Rechts auf Selbstbestimmung dann zur Folge haben, dass Klientinnen sich gegen einen Recovery-Weg entscheiden. Dies muss ihnen auch dann freigestellt sein, wenn MitarbeiterInnen diese Meinung nicht teilen.

Die Frage, was mit MitarbeiterInnen geschieht, die schon jahrelang nach anderen Konzepten arbeiten, bleibt offen. Neben der Bereitschaft umzudenken müssen Konzepte wie Recovery überhaupt erst bekannt sein, damit sich auch MitarbeiterInnen explizit dafür oder dagegen entscheiden können. Es ist deshalb notwendig, dass über Fortbildungen zu diesem Thema und über Vorträge, die in Wohnheimen direkt angeboten werden sollten, der Bekanntheitsgrad des Recovery-Konzepts steigt.

8. Schlusswort

Vor dem Hintergrund der bestehenden gesellschaftlichen und strukturellen Bedingungen mag das Recovery-Konzept zum aktuellen Zeitpunkt als ein idealistisches Konzept erscheinen. Gegenwärtig stellen die Strukturen sehr große Hindernisse für die Anwendbarkeit eines Recovery-Konzepts im psychiatrischen Wohnheim dar. Schaut man aber zurück auf die Entwicklungen im Anschluss an die Ergebnisse der Psychiatrie-Enquête und würdigt man die Veränderungen, die in der Sozialen Psychiatrie stattgefunden haben, können wir durchaus Hoffnung schöpfen, dass sich dieses Konzept nicht nur in einigen wenigen Wohnheimen durchsetzt, sondern zum allgemeinen Standard wird. Erforderlich dabei sind ein Umdenken auf gesellschaftlicher Ebene, ein Wandel der strukturellen Bedingungen, die Bereitschaft zur Partnerschaftlichkeit von Seiten psychiatrischer Einrichtungen und vor allem viel Mut auf Betroffenenseite. Dazu gehört auch, dass sich alle beteiligten Parteien, darunter Psychiatrie-Erfahrene, Angehörige, PsychiaterInnen, PsychologInnen, SozialarbeiterInnen, VertreterInnen der Leistungsträger und der Politik u. a. zusammensetzen, um über die Umsetzbarkeit eines solchen Konzepts zu diskutieren.

Bevor sich die gesellschaftlichen und strukturellen Bedingungen ändern werden, lohnt es sich jedoch schon jetzt, im psychiatrischen Wohnheim mit der Arbeit nach einem Recovery-Konzept zu beginnen, soweit dies möglich ist.

9. Literatur- und Internetquellen

AKTION PSYCHISCH KRANKE (Hrsg.): Der personenzentrierte Ansatz in der psychiatrischen Versorgung. Individuelle Hilfeplanung (IBRP) und personenzentriert-integriertes Hilfesystem. Bonn, Psychiatrie-Verlag, 2005.

AMERING, M. / BOTTLENDER, R.: Das Konzept der Chronizität ist aufzugeben. Psychiatrische Praxis 36, 2009, S.4-6.

AMERING, M. / SCHMOLKE, M.: Recovery ...Das Ende der Unheilbarkeit. 4. Auflage, Bonn, Psychiatrie-Verlag, 2010.

ANGERMEYER, M.C.: Das Stigma psychischer Krankheit aus Sicht der Patienten ..Ein Überblick. Psychiatrische Praxis 30, 2003, S.358-366.

BAER, N.: Das Aushalten der Realität ermöglicht Entwicklung. Kerbe, Forum für Sozialpsychiatrie 26, 2008, S.27-31.

BAYER, W.: Haben Heime Sinn? Haupt- und Nebenwirkungen von Heimen. Soziale Psychiatrie 115, 2004, S.7-11.

BERGER, H.: Gesundheitsförderung ..Ein neuer Weg in der Psychiatrie. Psychiatrische Praxis 30, Supplement 1, 2003, S.14-20.

BERGER, H. / PAUL, R. / HEIMSATH, E.: Die Förderung seelischer Gesundheit und die Prävention seelischer Krankheiten ...Luxus oder Notwendigkeit? Psychiatrische Praxis 33, 2006, S.150-151.

BOCK, T.: Eigensinn und Psychose ...„Noncompliance" als Chance. 3. Auflage, Neumünster, Paranus-Verlag, 2010.

BOCK, T.: Zur Selbstverständlichkeit psychischer Erkrankung ...Argumente für eine anthropologische Sicht. In: BOCK, T. / WEIGAND, H. (Hrsg.): Handwerks-buch Psychiatrie, 5. Auflage, Bonn, Psychiatrie-Verlag, 2002, S.30-41.

BOERMA, R. / RICHTERICH, B.: Erfolgspfade von Menschen mit Psychose-Erfahrung. Ein Forschungsprojekt über Recovery-Geschichten. Psychosoziale Umschau 24, 2009, S.20-24.

BOEVINK, W.: Ausweg aus der Schizophrenie: von einer psychischen Störung als Lebensidentität zur Auseinandersetzung mit dem Leben. In: AMERING, M. /

KRAUSZ, M. / KATSCHNIG, H. (Hrsg.): Hoffnung Macht Sinn. Schizophrene Psychosen in neuem Licht, Wien, Facultas-Verlag, 2008, S.30-37.

BOSSHARD, M. / EBERT, U. / LAZARUS, H.: Soziale Arbeit in der Psychiatrie. 4. überarb. Auflage, Bonn, Psychiatrie-Verlag, 2010.

BRIEGER, P. / BECKER, T. / BÄUML, J. / PITSCHEL ...WALZ, G. / WEIG, W.: Bedeutung der Rehabilitation bei schizophrenen Erkrankungen. In: BECKER, T. / BÄUML, J. / PITSCHEL ...WALZ, G. / WEIG, W. (Hrsg.): Rehabilitation bei schizophrenen Erkrankungen, Köln, Deutscher Ärzte-Verlag, 2007, S.3-16.

BRILL, K. ...E.: Wohnen. „Ein Bett ist keine Wohnung" In: BOCK, T. / WEIGAND, H. (Hrsg.): Hand-werks-buch Psychiatrie, 5. Auflage, Bonn, Psychiatrie-Verlag, 2002, S.136-176.

CIOMPI, L.: Affektlogik. Über die Struktur der Psyche und ihre Entwicklung. 4. Auflage, Stuttgart, Klett-Cotta, 1994.

CLAUSEN, J. / EICHENBRENNER, I.: Soziale Psychiatrie ...Grundlagen, Zielgruppen, Hilfeformen. Stuttgart, Kohlhammer Verlag, 2010.

CRANACH, M.: Von Rehabilitation zu Recovery ...zur Weiterentwicklung des Rehabilitationsbegriffs. In: BECKER, T. / BÄUML, J. / PITSCHEL ... WALZ, G. / WEIG, W. (Hrsg.): Rehabilitation bei schizophrenen Erkrankungen. Köln, Deutscher Ärzte-Verlag, 2007, S.333-340.

FINZEN, A.: Psychose und Stigma: Stigmabewältigung ..zum Umgang mit Vorurteilen und Schuldzuweisung. Bonn, Psychiatrie-Verlag, 2000.

FINZEN, A.: Schizophrenie: die Krankheit verstehen. Bonn, Psychiatrie-Verlag, 1993.

FRANKE, A.: Modelle von Gesundheit und Krankheit. 2. überarb. Auflage, Bern, Hans ..Huber-Verlag, Hogrefe AG, 2010.

GEPHART, W.: Zur Lebenssituation psychisch kranker Menschen im Heim. In: FREESE, G. / HOLLER, G. (Hrsg.): Im Heim leben ...Veränderungen gestalten. Hilfebedürftigkeit und Persönlichkeitsrechte in der neueren sozialpsychiatrischen Diskussion. Rehburg-Loccum, Evang. Akademie Loccum, 2003, S.15-26.

GRAUSHUBER, A.: Stigma und Diskriminierung psychisch Kranker. In: GAEBEL, W. / MÖLLER, H. - J. / RÖSSLER, W. (Hrsg.): Stigma ..Diskriminierung ..Bewältigung. Der Umgang mit sozialer Ausgrenzung psychisch Kranker, Stuttgart, Verlag Kohlhammer, 2005, S.18-39.

GREVE, N.: Was lange währt☐ wird nicht immer gut: Risiken der chronischen Betreuung. Soziale Psychiatrie 31, 2007, S.15-17.

GÖRRES, B.: Die psychiatrische Versorgungslandschaft. In: BOSSHARD, M. / EBERT, U. / LAZARUS, H.: Soziale Arbeit in der Psychiatrie. 4. überarb. Auflage, Bonn, Psychiatrie-Verlag, 2010, S.134-146.

HÄFNER, H.: Das Rätsel Schizophrenie: eine Krankheit wird entschlüsselt. 2. Auflage, München, Beck-Verlag, 2000.

HASELMANN, S.: Psychosoziale Arbeit in der Psychiatrie ..systemisch oder subjektorientiert? Ein Lehrbuch. Göttingen, Vandenhoeck & Ruprecht, 2008.

HEIMLER, J.: Heim in die Wohnung statt Wohnung im Heim?! Soziale Psychiatrie 25, 2001, S.10-14.

HEISSLER, M. / HEISSLER, R.: Übergänge: Entwicklung und Krisen Erwachsener. Hilfen jenseits des medizinischen Paradigmas. In: BOCK, T. / WEIGAND, H. (Hrsg.): Hand-werks-buch Psychiatrie. 5. Auflage, Bonn, Psychiatrie-Verlag, 2002, S.539-555.

HOLKE, J.: Reformbedarf bei der Eingliederungshilfe. Psychosoziale Umschau 24, 2009, S.23-24.

HORVATH, C.: Die subjektive Seite der Schizophrenie. In: AMERING, M. / KRAUSZ, M. / KATSCHNIG, H. (Hrsg.): Hoffnung Macht Sinn. Schizophrene Psychosen in neuem Licht. Wien, Facultas-Verlag, 2008, S.49-55.

IRLE, H.: Rechtliche Grundlagen ..Das Leistungsspektrum unter sozialrechtlichen und sozialmedizinischen Aspekten. In: BECKER, T. / BÄUML, J. / PITSCHEL ...WALZ, G. / WEIG, W. (Hrsg.): Rehabilitation bei schizophrenen Erkrankungen. Köln, Deutscher Ärzte-Verlag, 2007, S.63-80.

KNUF, A.: Basiswissen: Empowerment in der psychiatrischen Arbeit. Bonn, Psychiatrie-Verlag, 2006.

KNUF, A.: Empowerment-Förderung: Ein zentrales Anliegen psychiatrischer Arbeit. In: KNUF, A. / OSTERFELD, M. / SEIBERT, U.: Selbstbefähigung fördern ...Empowerment und psychiatrische Arbeit. 5. überarb. Auflage, Bonn, Psychiatrie-Verlag, 2007, S.28-40.

KNUF, A.: Steine aus dem Weg räumen! Empowerment und Gesundheitsförderung in der Psychiatrie. In: KNUF, A. / OSTERFELD, M. / SEIBERT, U.: Selbstbefähigung fördern ...Empowerment und psychiatrische Arbeit. 5. überarb. Auflage, Bonn, Psychiatrie-Verlag, 2007, S.42-55.

KNUF, A.: Vom demoralisierenden Pessimismus zum vernünftigen Optimismus. Eine Annäherung an das Recovery-Konzept. Soziale Psychiatrie 28, 2004, S.38-41.

KONRAD, M. / SCHOCK, S. / JAEGER, J.: Dezentrale Heimversorgung in der Sozialpsychiatrie. Bonn, Psychiatrie-Verlag, 2006.

MARGRAF, J. / MÜLLER ..SPAHN, F. (Hrsg.): Pschyrembel ..Psychiatrie, Klinische Psychologie, Psychotherapie. 4. Auflage, Berlin, Walter de Gruyter Verlag, 2009.

MOOS, M. / WOLFERSDORF, M.: Wohnen und Rehabilitation. In: BECKER, T. / BÄUML, J. / PITSCHEL ..WALZ, G. / WEIG, W. (Hrsg.): Rehabilitation bei schizophrenen Erkrankungen. Köln, Deutscher Ärzte-Verlag, 2007, S.189-206.

PÖRKSEN, N.: Zur Spannung zwischen Fürsorge und Emanzipation. In: FREESE, G. / HOLLER, G. (Hrsg.): Im Heim leben ...Veränderungen gestalten. Hilfebedürftigkeit und Persönlichkeitsrechte in der neueren sozialpsychiatrischen Diskussion. Rehburg-Loccum, Evang. Akademie Loccum, 2003, S.55-63.

ROESSLER, W. / LAUBER, C.: Psychiatrische Rehabilitation ...vom Behinderungsmodell zum Empowerment. In: ROESSLER, W. (Hrsg.): Psychiatrische Rehabilitation. Berlin / Heidelberg, Springer-Verlag, 2004, S.1-4.

RÜSCH, N.: Reaktionen auf das Stigma psychischer Erkrankung ..Sozialpsychologische Modelle und empirische Befunde. Zeitschrift für Psychiatrie, Psychologie und Psychotherapie 58, 2010, S.287-297.

SCHULZE STEINMANN, L. / HEIMLER, J.: Systemsprenger in der stationären Versorgung. In: SCHULZE STEINMANN, L. / HEIMLER, J. / CLAASSEN, J. / CORDSHAGEN, H. (Hrsg.): Die Zukunft sozialpsychiatrischer Heime. Bonn, Psychiatrie-Verlag, 2003, S.107-122.

SCHULZE STEINMANN, L. / HEIMLER, J.: Stand der sozialpsychiatrischen Heime. In: SCHULZE STEINMANN, L. / HEIMLER, J. / CLAASSEN, J. / CORDSHAGEN, H. (Hrsg.): Die Zukunft sozialpsychiatrischer Heime, Bonn, Psychiatrie-Verlag, 2003, S.14-25.

VOEPEL, M.: Damit Heime nicht zu Hinterhöfen der Sozialpsychiatrie werden. Kerbe 21 Heft 4, 2003, S.31 f.

Internetquellen

http://pda.leo.org, 28.12.2012.

http://www.pkzs.ch/upload/oberwil/files/Recovery_-_Wider_die_Hoffnungslosigkeit.pdf, 28.12.2012. Vortrag von RUDOLF, G. an der Klinik Zuger See am 12.04.2010.

http://de.wikipedia.org/wiki/Recovery-Modell#Geschichte, 26.11.2012.

http://dictionary.reverso.net/english-german/recovery, 26.11.2012.

http://gesetzliche-betreuung-odw.de/aufgabenbereiche.html, 26.11.2012.

http://roncolemanvoices.co.uk/?page_id=41, 26.11.2012.

http://www.roncolemanvoices.co.uk/the-ron-coleman-story, 09.12.2012.

http://stimmenhoeren.de/, 26.11.2012.

http://wiki.btprax.de/Betreuungsverf%C3%BCgung, 26.11.2012.

http://www.behindertenbeauftragter.de/DE/Landkarte/2Bewertung/Bewertung.html, 26.11.2012.

http://www.beratung-und-fortbildung.de/Downloads/Krisenpass/krisenpass.html, 26.11.2012.

http://www.berger-psychische-erkrankungen-klinik-und-therapie.de/ergaenzung_ruesch.pdf, 26.11.2012.

http://www.bmas.de/SharedDocs/Downloads/DE/uebereinkommen-ueber-die-rechte-behinderter-menschen.pdf?__blob=publicationFile, 26.11.2012.

http://www.dbsh.de/html/down-pub.html: Ethische Grundlagen der Sozialarbeit - Prinzipien und Standards (IFSW), 26.11.2012.

http://www.euro.who.int/__data/assets/pdf_file/0009/96453/E87301G.pdf, 23.11.12.

http://www.fassis.net/images/Pdf/hmb-auswertung.pdf, 26.11.2012.

http://www.gbm.info/files/pdf/2004brandenburg/2004-05-14-metzler.pdf, 26.11.2012.

http://www.guardian.co.uk/commentisfree/2010/jun/10/broaden-discussion-mental-health-issues, 26.11.2012.

http://www.irremenschlich.de, 26.11.2012.

http://www.irrsinnig-menschlich.de/html/news.html, 26.11.2012.

http://www.juristische-betreuung.de/vorsorgevollmacht/, 26.11.2011.

http://www.landesrecht-bw.de/jportal/?quelle=jlink&query=HeimG+BW&psml=bsbawueprod.psml&max=true&aiz=true, 26.11.2012.

http://www.patientenverfuegung.de/, 26.11.2012.

http://www.promentesana.ch/page.php?language=de&pages_id=162, 26.11.2012.

http://www.quellpunkt-christiani.de/Konzeptionelles.htm#KonzeptionellesStart, 26.11.2012.

http://www.trimbos.org/about-trimbos, 26.11.2012.

http://www.uni-siegen.de/zpe/veranstaltungen/fruehere/wirrinnrw/rahmenkonzept_jansen_forum_3.pdf, 26.11.2012, S.1-13.

Karin E. Sauer, Jeanette Elsässer

Burnout in sozialen Berufen

*Öffentliche Wahrnehmung, persönliche
Betroffenheit, professioneller Umgang*

Perspektiven Sozialer Arbeit in Theorie
und Praxis, Bd. 2
2013, 74 S., br.,
ISBN 978-3-86226-225-0, € 18,80

Das Buch nähert sich dem bislang wenig differenziert betrachteten Begriff Burnout aus interdisziplinärer Perspektive. Burnout wird dabei als aktuelle Problemstellung der sozialpädagogischen Praxis diskutiert. Vor diesem Hintergrund wird eine qualitative Studie mit einer Sozialpädagogin analysiert, die nach der Behandlung ihrer eigenen Burnout-Symptomatik in der Burnout-Prävention tätig wurde.

Daraus werden Handlungsempfehlungen entwickelt, die unter Berücksichtigung inhaltlicher, organisatorischer, personeller, sowie struktureller Aspekte in der Sozialen Arbeit umgesetzt werden können.

Über die Autorinnen
Jeanette Elsässer, Sozialpädagogin (Bachelor of Arts) arbeitet im Bereich Erwachsenenbildung mit psychisch kranken und geistig behinderten Menschen.

Prof. Dr. Karin E. Sauer, Diplom-Pädagogin, ist Dozentin für Sozialarbeitswissenschaft und Methoden der Sozialen Arbeit.

Matthias Brungs, Vanessa Kolb
Zeitarbeit als Chance für arbeitslose Menschen?
Perspektiven Sozialer Arbeit in Theorie und Praxis, Bd. 1, 2013, 90 S.,
ISBN 978-3-86226-216-8, **18,80**

Werner Haisch, Hermann Kolbe
Gestaltung der Lebens- und Arbeitsqualität in Sozialen Diensten
Planung und Organisation
Reihe Pädagogik, Bd. 47, 2013, ca. 250 S.,
ISBN 978-3-86226-223-6, **25,80**

Verena Schilly
Mütter in Führungspositionen
Vereinbarkeit von Familie und Beruf
Soziale Analysen und Interventionen, Bd. 2, 2013, 140 S.,
ISBN 978-3-86226-220-5, **19,80**

Annika Koch
Abenteuer mit Migrantinnen und Migranten
Ein erlebnisorientiertes Konzept für die Interkulturelle Arbeit
Reihe Pädagogik, Bd. 45, 2012, 180 S.,
ISBN 978-3-86226-190-1, **20,80**

„Dieser Band verbindet auf innovative Weise interkulturelle Pädagogik mit Erlebnis-Pädagogik..."
Oliver Neumann, auf lehrerbibliothek.de. Vorstellungsdatum: 12.01.2013.

Sarah Strauß
Peer Education und Gewaltprävention
Theorie und Praxis dargestellt am Projekt Schlag.fertig
Reihe Pädagogik, Bd. 44, 2012, 360 S.,
ISBN 978-3-86226-189-5, **25,80**

Ludger Kowal-Summek
»Tomo spricht nicht mit mir«
Eine Untersuchung hinsichtlich der Anwendung ausgewählter Methoden der Leiborientierten Musiktherapie bei Menschen mit Autismus
Reihe Psychologie 43, 2012, 333 S., mit beiliegender DVD
ISBN 978-3-86226-148-2, **28,80**

„□ ein angenehm zu lesendes und menschlich berührendes Buch."
Hansjörg Meyer, in: Hörgeschädigten Pädagogik Nr. 5, Oktober 2012, S. 217.

David Wenzel, Irmtraud Beerlage, Silke Springer
Motivation und Haltekraft im Ehrenamt
Die Bedeutung von Organisationsmerkmalen für Engagement, Wohlbefinden und Verbleib in Freiwilliger Feuerwehr und THW
Soziologische Studien, Bd. 39, 2012, 190 S.,
ISBN 978-3-86226-123-9, **22,80**